打開天窗 敢說亮話

U0053687

WEALTH

天窗出版

智取筍盤

68個樓市大勢關鍵詞

脫苦海 著

目錄

序言

在一個偶然的機會下，筆者獲邀參與修編財經名詞定義的工作，雖然最終並無落實，但筆者就借機收集了不少的財經名詞字典和專著，發現原來絕少有房地產專有名詞的著作，剛巧曾淵滄博士出版了增訂版投資關鍵字的新書，於是筆者就計劃寫一本房地產名詞的著作。

筆者由2008年開始在報章雜誌撰寫地產專欄，2010 年起，更開始於雅虎財經選寫地產專欄，十年來累積了不少關於地產題材的資料，現在的任務，是選擇哪些對物業投資者有用的資料，並加以整理，然而發覺容量比想像中還要龐大，故現在先將理論部分作為《智取筍盤》首冊，有關投資物業之操作及實戰的關鍵詞則放在《智取筍盤》第二冊。

本書除了採用了坊間地產界常見的關鍵字以外，也加入了一些更宏觀的社會科學概念，其中最重要的是來自經濟學的「經濟地租」概念，另外還有來自社會學的「士紳化」。筆者在大學主修地理，副修社會學，對於經濟學也有一定程度的認識，明白到很多地產現象都可以社會經濟因素（Socio-economic factor）來解釋，希望能為大家帶來新思維。

另外，筆者很希望帶給大家的是日本人的一種管理學概念：現場主義。日本汽車大廠本田（Honda）創辦人本田宗一郎，曾為「現場主義」做出了絕佳的註解：前往現場、了解現物、理解現實，就可以掌握事物的本質。應用在房地產之內，就是要走到現場，親身去考察物業及附近一帶，例如九龍塘和九龍城的分界，為何是聯合道呢？去到現場就會發覺一條街的兩邊完全不同，這種概念在本書不少章節都有所發輝。

至於把握入市時機，就要了解宏觀經濟因素，包括樓市周期、資金流向，特別是個別地區的經濟轉型。股市中流行一句：「血灑街頭入市時。」筆者過去入市時都是經濟危機之後，包括1995年宏觀調控之後，2002年初911事件之後，以及2009年金融海嘯之後。最近中美貿易戰又再製造一次入市的時機，投資者宜密切留意。

網上部分人喜愛以質疑權威性來貶低別人的認受性，比如就有人說筆者只是買賣過幾個物業，有何資格去寫地產文章？筆者從事房地產業十多年，並受聘於香港某大發展商物業管理部門，親身到過的樓盤不下數百，並且考獲小型工程承辦商資格，文章除了官方的資料、市場見聞，更有個人深入的思考和了解，本著分享的心態去撰寫文章。

本書是筆者第十本著作，現時計劃中的新書也有數本，並且按實際情況增修以往的著作，希望能達到與讀者分享知識的初心。不少人問筆者出書是否賺很多錢，無論書本怎樣暢銷，都不及獲得讀者認同的滿足感。

是為序。

脫苦海　謹識
2018年12月

chapter 1 >>> *001 ~ 010*

掌握周期
早著先機

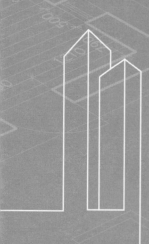

chapter 1

掌握周期　早著先機

投資者易受市場氣氛影響，究竟如何客觀地審視樓價或物業成交價水平是偏高還是偏低？

股市有價值投資學派，以不同的指標和數據找出值得入市的時機，樓市也一樣，比如認識樓市的周期性特點、息率的高低、樓價水平、租金回報率等等。最理想的入市時機當然是在樓價低迷之時、租價比較高、大量平盤任睇任揀；出市時機則相反。

人類行為本質趨旺避淡，大多數人順著羊群心理，最適合入市時往往不敢入市，最適合出貨時卻不肯離場。市場如鐘擺，由低位擺到高位，當低位已現，在上升途中，估值不是太高的話，總體方向便是上升；反之當泡沫出現並且爆破，正在下跌途中，便不應該入市，直到極低估值才適合入市。

然而，在估值不高不低的平市之中，筆者建議此應市之道：「市靜宜買，市旺宜賣」。市旺時，賣家是「吊高」來賣甚至索性封盤，剩下的所謂平盤有各式各樣問題，結果買家買了貴貨或爛貨；淡市時，買家可以隨便揀盤，只要精於選擇，可買到平或靚甚至兩者兼得的物業。

用家買樓多為自用，因此用家的數量與結婚生育、分支家庭等有關，不論市靜市旺，用家數量基本上是穩定的；市靜市旺，變的只是炒家，多了炒家炒盤，市況自然旺，對炒家來説，市淡絕對不宜出手，價格平又如何，如果找不到交易對手，實力不足或過度擴充的話，隨時周轉不靈。真正的炒家，最著重時機，機會一現及時而出，入貨價略為偏高又如何，反正吃的是短期時勢，找到下一個交易對手接火棒最重要。

由於政府連環推出辣招，尤其是額外印花税（Special Stamp Duty, SSD），令到持有少於三年的住宅物業要交高額的税項，令到向來短炒的炒家被迫持有物業，造成二手市場的供應愈來愈緊張，成交也大為減縮，炒家盤絕跡於市場。

而用家持有物業是以數年計甚至以十年計，購入價水平的高低就比買賣時機重要，用家的持貨期較長，更不應該在旺市胡亂入市。

001 | 樓市周期

地產價格有其周期性，第一個研究這命題的是《房地產周期百年史》（*One Hundred Years of Land Values in Chicago*）作者霍伊特（Homer Hoyt）。透過研究美國芝加哥從只有幾十間木屋至之後103年房地產的價格，他發現房地產價格大約以18年為一個周期。在每個周期中，人口增長先從最低位回升，之後1-4年現樓售價上漲及新建樓房增加，然後再要8-10年的整固才迎接土地繁榮，發展商熱衷於購入地盤，進而發展出更多的樓盤；當供應異常增加2-3年後價格就會逆轉，平均需要4-5年才能達到最低點。

霍伊特所述的樓市周期模式也可應用於香港，分別是香港除了常住人口之外，還有流動人口以及隨之而來的經濟活動。現時的樓市周期始於2003年沙士，到2007年金融海嘯前夕轉活，在半年時間內樓價上升了三成，經歷後金融海嘯的整固，由2012年再次起飛，到2018年走到循環高位，未來4-5年樓價會否出現大逆轉，在2021年見底呢？相信有待時間的考驗。

「萬種行情歸於市」，看樓價過去的走勢也可發現周期，不過，差餉物業估價署的樓價數據，最早的也只是1982年，更早期的數據（1965-1982）得從《李兆基博士傳記》的附錄尋找，如下圖：

1965-1982 樓價數據

年份	港島住宅平均呎價	九龍住宅平均呎價	新界住宅平均呎價
1965	$51	$52	-------
1966	$49	$50	-------
1967	$41	$41	-------
1968	$49	$50	-------
1969	$60	$61	-------
1970	$85	$86	-------
1971	$150	$7.04	-------
1972	$200	$7.1	-------
1973	$220	$7.05	-------
1974	$176	$6.92	-------
1975	$254	$7.3	-------
1976	$334	$300	-------
1977	$344	$386	$280
1978	$432	$433	$370
1979	$699	$722	$520
1980	$760	$1,063	$685
1981	$1,049	$858	$700
1982	$911	$745	$600

資料來源:《李兆基博士傳記》附錄

筆者將這些早期數據與現時的樓價資料駁起來,組成為以下圖表。為了將升幅「平面化」,筆者以半對數圖(Semi-log graph)來表達,比如由$100升到$1,000,跟由$1,000升到$10,000是完全一樣的。

住宅 A 類單位*樓價

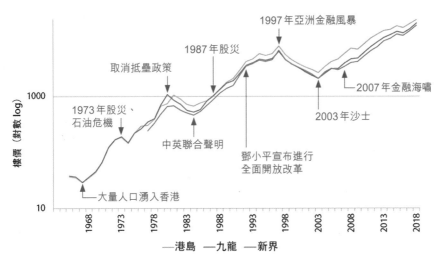

1997 年亞洲金融風暴

1987 年股災

取消抵壘政策

1973 年股災、
石油危機

中英聯合聲明

鄧小平宣布進行
全面開放改革

2007 年金融海嘯

2003 年沙士

1000

樓價（對數 log）

10

大量人口湧入香港

1968　1973　1978　1983　1988　1993　1998　2003　2008　2013　2018

— 港島　—九龍　—新界

*註：住宅 A 類單位指實用面積少於 40 平方米（約 430 平方呎）的住宅單位

大家可從上圖看到香港樓價的大歷史：

1. 自 1967 年暴動後，由於文化大革命出現大逃港，大量人口湧
   入香港，樓價開始升浪，即使到 1973 年股災或石油危機也只
   略為回落，之後一直升至 1980 年方回落；

2. 1980 年取消抵壘政策，代之以即捕即解，以及單程證制度，
   再加上中英兩國就香港前途談判，樓價進入下跌及徘徊期，至
   1984 年中英達成協議才見底；

3. 1987年股災之後,樓價由1988年見底回升,之後連續上升,主要原因是1992年鄧小平南巡,宣布進行全面開放改革,大批香港的工廠遷移內地,香港經濟由製造業轉型為服務業,即使出現移民潮也停不了,此升浪至1997年見頂;

4. 1997年回歸之後,亞洲金融風暴,樓價轉勢向下而連跌多年,直至2003年沙士後以及自由行政策後才見底回升,其中自由行帶來的人流及其消費力,令到香港經濟結構成功轉型;

5. 由2003年開始的樓市大升浪,至今已持續了15年,期間即使2007年金融海嘯也阻不了此升勢,直至2018年第四季樓價由高位稍為回落⋯⋯

上述數個樓市周期顯示，第二次世界大戰之後至1980年，香港人口以每年約100萬增長，後來增長率大幅放緩，所以單從人口增長已不能解釋樓價升勢。筆者認為，最影響樓價長期表現的，並不是股市或利率，而是香港實體經濟活動的興衰。

地產是香港實體經濟活動的載體，意味著各種產業帶來的增加價值，會提高香港的經濟地租（經濟地租關鍵詞詳見P.81），而支持的就業人口，直接或間接地支付各種物業的成本，因此，實體經濟活動才是樓市周期出現的根本原因。

2018年第四季樓價已出現由高位回落的跡象，加上由2003年開始計算，18年的周期低位可能出現於2021年左右，但最關鍵的問題是中美貿易戰將會否令香港面臨經濟結構的轉型危機？究竟香港的實體經濟活動能否適應貿易冷戰下的經濟新形勢？兩大基建帶來的新增人流和經濟活動，是否足以抵銷各方面的負面影響呢？這是未來樓價走向的根本因素。

至於香港經濟結構轉型的危機，可查看政府統計處每年發布四個主要行業和六項優勢產業的情況，其中要留意四大經濟支柱（金融服務、旅遊、貿易及物流、專業及工商業支援服務）的根基是否衰壞，也要觀察六項優勢產業（文化及創意產業、醫療產業、教育產業、創新科技產業、檢測及認證產業、環保產業）的發展勢頭，如下圖所示，香港近年經濟結構的轉型，尚算不錯：

2006年、2011年、2015年及2016年四大行業的增加價值和就業人數

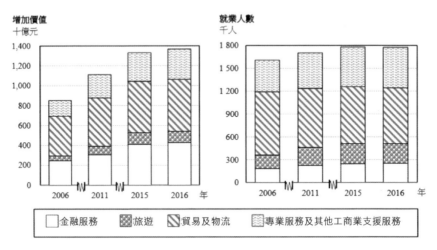

增加價值
十億元

就業人數
千人

金融服務　　旅遊　　貿易及物流　　專業服務及其他工商業支援服務

資料來源：政府統計處

2013年至2016年選定行業的增加價值和就業人數

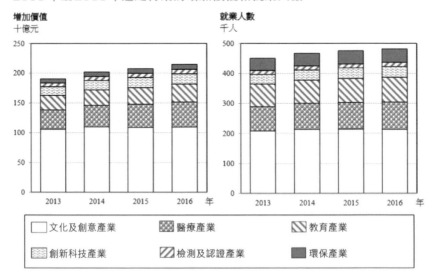

增加價值
十億元

就業人數
千人

文化及創意產業　　醫療產業　　教育產業

創新科技產業　　檢測及認證產業　　環保產業

資料來源：政府統計處

但如果未來香港因貿易冷戰，重現如1997年至2003年般的景象，
其中金融、旅遊、貿易及物流業全面備受打擊，優勢產業卻青黃
不接，那樓價一定會大跌，換言之，樓價要有明顯的跌勢，一定
是出於香港的實體經濟出現重大問題。否則，如只因股市或利率
的波動，未傷及香港經濟根基，那樓價稍為下跌一年半載，自會
止跌回升。

而據筆者推論，中美貿易戰最壞的後果是兩國間的直接貿易銳
減，但中國早已鋪排把產業轉移，除了東協十國之外，孟加拉承
接了紡織和成衣業，埃塞俄比亞承接了鞋類，以至一帶一路在多
國發展工業園，同時也把貿易市場分散。香港仍然可以在中國與
其他國家的貿易中獲得商機。至於香港近期兩大基建所帶來的人
流，對於局部地區的旅遊零售業或多或少都有裨益，能夠對香港
經濟作出穩定的作用。

筆者估計貿易戰的影響與2008-2009年時相若，樓價的調整幅度
約15-20%，然則之後的樓市更大可能是依個別地區性發展，一些
地區跌完之後可以反升，但另一些則跌完可能無法上升，或升幅
長期跑輸大市，此點筆者將於第二至第四章詳述。

加息與減息周期

除了樓市周期,利率也有周期,因為利率就是資金的成本,利率的周期循環就是對於資金需求增減的表現,在經濟繁榮時,景氣擴張以及投資需求增加,更多人去爭逐資金,令到利率上升;反之,當經濟進入收縮期,投資機會減少的時候,資金需求下降就會令到利率下降。

加息是否一定不利樓市,減息是否一定有利樓市,還要看其他的因素,但總體來說,真正影響到樓價走勢的,是景氣循環,而不只是利率走勢。

在經濟學的範疇內,利息是資金的成本,利率的上漲反映資金成本上升,有些人因而引伸為供樓負擔上升導致樓價下跌,這種論調不可一概而論。加息往往與經濟復甦同時出現,因為實體經濟由靜轉活,更多人爭逐資金引致利率上升;另一種情況是通脹加劇引致加息,所以通脹的出現也代表需求上升,市道好轉。

只不過這套理論只可以應用在擁有利率決策權的地方,偏偏香港就是沒有利率決策權,因為港元與美元掛鈎,香港跟隨美元的利率周期,以維持港元匯率的穩定,所以香港的利率走勢是反映美

國的經濟周期，往往未能因應香港的市道調整。以往也曾出現香港利率周期與加息周期不協調的情況，典型的例子是2012年後香港樓價急升，作為調控本應加息，卻因為美國進入減息期令到香港只能跟進；而現時經濟和樓市轉冷，本應減息降低資金成本，卻要跟隨美國加息，出現俗稱「冬天賣涼粉」的不協調情況。

美國聯邦基金利率

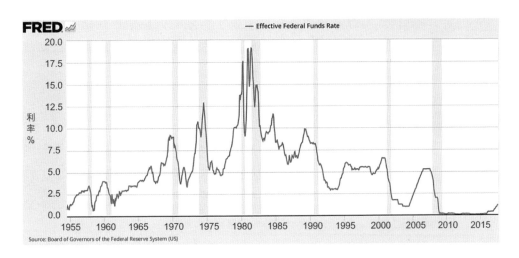

資料來源：聯邦公開市場委員會網頁

上圖是美國的利率歷史周期，可以留意到，美國減息期出現在經濟衰退之後，加息期則在經濟過熱之後，坊間的認知往往倒果為因。現時美國的加息周期，正正因為2017年中開始，美國各項經

濟指標均有好轉，只是，2018年第一季時任美國總統特朗普發動中美貿易戰之後開始逆轉，美國加息步伐放緩了，特朗普甚至明處暗處要求美聯儲停止加息。

回說香港，美國雖早在2015年12月開始加息，但香港和美國的經濟步伐不一致，由2015年12月至2018年9月美國加了8次息，香港都沒有調整利率。終於在2018年9月27日，香港金融管理局宣布跟隨美國上調基本利率25個基點，之後香港多家銀行調高最優惠利率，香港的加息周期來臨，香港的低息期正式結束，中長期可導致信貸收縮。而信貸收縮，下一步可能會改變大眾對樓價只升不跌的預期，實在不可不察。

投資者應該清楚認識，香港的利率走勢反映美國的經濟周期，不是香港的經濟周期，所以本身的參考價值不大。然而這種不協調的情況反而能夠帶來投資的機遇，當經濟低迷時卻被迫加息，往往會令到樓價過度下跌；相反當經濟蓬勃時卻被減息，則就應該繼續持有。

003 | 住宅物業指數

全球第一個樓價指數是在 1987 年發表的凱斯席勒指數（Case-Shiller Index），是由美國經濟學家卡爾・凱斯、羅伯特・希勒以及艾倫・韋斯共同研究而成。而香港第一個樓價指數，則是由中原地產和城市大學合作的中原城市指數，發表於 1998 年。

中原城市領先指數　最貼市

中原城市指數（Centa-City Index, CCI）每個月公布一次，基於政府土地註冊處登記的住宅樓宇交易紀錄編制。中原城市領先指數（Centa-City Leading Index, CCLI）是一個每周發布的指數，基於在中原地產代理的合約成交價編制，反映 3-4 星期前的物業市況。

中原城市指數（每月公布）

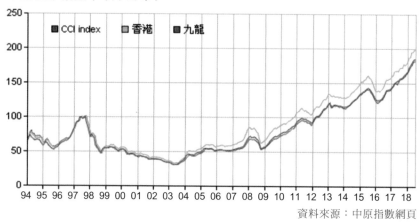

資料來源：中原指數網頁

中原領先指數（每周公布）

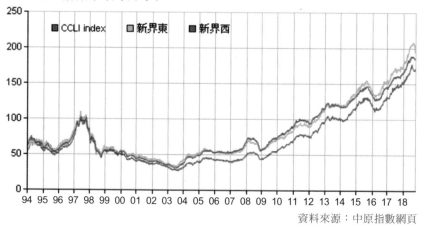

資料來源：中原指數網頁

時至今日，香港已經發展出多種不同的樓價指數，包括：美聯指數、差餉物業估價署指數、港大房產指數、仲量聯行香港中小型住宅指數等等，這些指數有不同的計算方法和分類方法，各自反映樓市的不同維度，可謂各擅勝長。

差餉物業估價署指數　分類最詳細

差餉物業估價署提供樓價和租金指數，並有按用途、面積、級別（寫字樓）、地區（較受歡迎屋苑）等等的分類指數。其中住宅按照實用面積分為Ａ，Ｂ，Ｃ，Ｄ及Ｅ類（分類詳細解說，見*041*關鍵詞），較受歡迎屋苑售價指數再分為市區、新界；寫字樓方面，除了分為甲、乙、丙三級之外，還有分個別地區的租金指數以及核心地區售價指數。對於物業投資者來說，這些分類的資料是非常值得參考。

較受歡迎屋苑售價指數（1999 = 100）

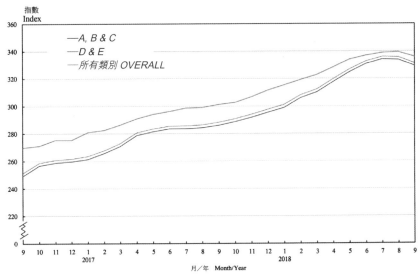

資料來源：差餉物業估價署網頁

美聯指數　反映樓市長期走勢

美聯指數（見下圖）可以把一些經濟指標與樓價指數作出比較，包括：按揭利率、租金回報率、實質存款利率、恒生指數、美匯指數、失業率、供樓負擔比率、租金負擔比率、住宅價薪率。比如想知道恒生指數和樓市的關係，可以選擇把恒生指數和美聯指數放於同一幅圖，更可以將滑鼠游標移至一些樓市大事的時間點，是研究長期樓市走勢的工具。

美聯樓價指數 Vs 恒生指數

資料來源：美聯物業網頁

至於代表性，中原和美聯是計算集團的成交紀錄，而差餉物業估價署指數則是計算所有的成交紀錄，資料來源更為全面。只不過

這三種指數的走勢很一致，因為在統計計算上，中原和美聯的成交紀錄已有足夠的抽樣維度，樣本的數量亦有一定的代表性。

這些不同的指數，能反映樓市不同層面的數據，對研究樓市很有幫助。

筆者認為，中原指數最值得參考，除了有歷史數據，每星期更有領先指數公布，而且中原指數是加權指數，會考慮到成分屋苑的總市值來計算，例如同是東區的私人屋苑，太古城的權數就比南豐新邨大得多。而中原在數據上的調節，亦會考慮成交的個別因素，計算出「調整呎價」，而且一手樓沒有包括在內，因此中原指數不會受一手樓的定價而影響。另外，中原指數計算的是屋苑總市值的變化，以總樓面面積乘以屋苑調整呎價，好處是無論用建築面積或實用面積，也不會影響到市值的計算。

004 非住宅物業指數

上文提到差餉物業估價署指數除了住宅物業以外，還有非住宅物業的市場資料，從中可以得知包括寫字樓、零售業樓宇、分層工廠大廈等的指數走勢以及各細分類別的指數和售價，最具啟發的是這四種物業的指數走勢圖，見下表：

香港各類物業售價指數（1999 = 100）

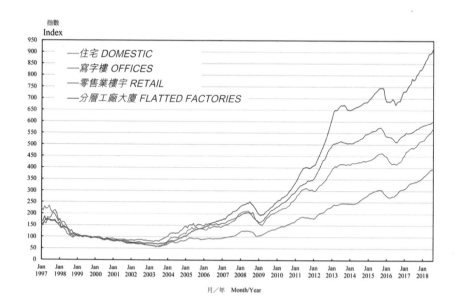

資料來源：差餉物業估價署網頁

過去十多年來，工廈類的價格升幅比住宅更顯著。

原來在過去十多年來，住宅物業是升幅最低的種類，主要原因是住宅所反映的是居民的收入水平提升，但是非住宅物業卻是與經濟表現掛勾，其中工廈類之所以表現超群，是因為用途由製造業和貨倉轉變為辦公室用途，亦有不少工廈透過活化工廈計劃改裝成經濟地租更高的工貿物業。另一波的活化工廈計劃將會再次推出，預期工廈的強勢將會持續下去。

另一個值得一提的是零售業樓宇（即街舖及商場舖），在2015年之前走勢強勁，卻在之後顯著調整，2018年只是比2015年略高一點，是因為「一簽多行」改為「一周一行」，直接打擊了跨境零售市場所致。

美聯工商舖的非住宅物業數據

除了政府的數據之外，上市公司美聯工商舖也有提供非住宅物業
數據（見下圖），分為工廈、商廈、舖位，當中值得一提的是舖位
數據，與差餉物業估價署的零售樓宇售價指數分別很大，因為美
聯指數計算核心四區（旺角、尖沙咀、銅鑼灣及中環）一線的地
舖，從下圖可見，旺舖的波動性比大市高。

私人零售業樓宇售價指數

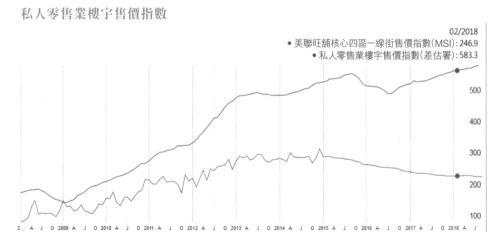

資料來源：美聯工商舖資料研究部

非住宅物業投資的操作，不可以應用住宅那一套，因為非住宅的
個別差異比住宅大得多，同一條街道，一邊向街和兩邊向街已經
很不同，又例如工貿樓盤，地契上對用途的限制差異也很影響價
格，不宜只看了指數或成交數字就貿然下決定，一定要先作實地
調查觀察。

005 平均樓價

除樓價指數外，要知道樓價的實際水平，就需計算平均樓價，計算「呎價」表面上很簡單，其實大有學問。

呎價就是把物業價值除以面積，但是以前香港並沒有統一樓宇計價的定義，由於多層大廈有很多面積並不在單位以內，例如電梯大堂、公共走廊，走火通道等等，發展商就把這些面積攤分到各個單位，加上單位內的面積，就是「建築面積」（Gross Floor Area），不過多年來並沒有統一的標準，間接令到平均樓價未能一致。

電梯大堂的面積，也被發展商計及至單位的建築面積內。

運輸及房屋局於2008年10月10日公布，統一的「實用面積」
（Salesable Area）定義，經地政總署新批出的預售樓花申請項
目，須在售樓書中採用此「實用面積」定義，即是指單位的面積，
以及露台和工作平台（如有）的面積總和，當中不包括閣樓、窗
台、平台、花園等附屬地方的面積。

圖解實用面積

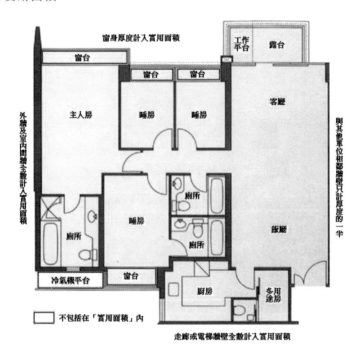

資料來源：運輸及房屋局網頁

政府釐清實用呎價的定義之後，中原地產計算了每個屋苑每月的平均樓價，可以在網站內顯示到兩年之內每月實用呎價的走勢圖。

全港屋苑實用／建築面積雙走勢圖

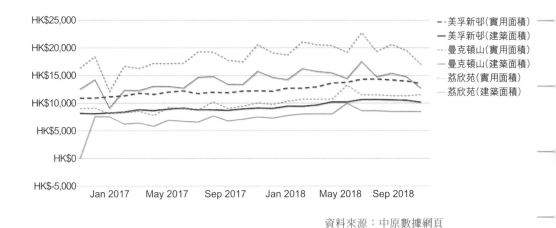

資料來源：中原數據網頁

有一點要留意的是，這個實用呎價和中原的「調整呎價」是不同的，其一是沒有根據個別單位的獨特性作出調整，其二，這只是成交紀錄的呎價總和除以成交數量，並沒有考慮不同銀碼單位的權數，特別是一些居屋屋苑，部分成交是未補地價的，所以呎價特別低，形成一些居屋盤會出現每月平均樓價大幅波動的情況。

至於美聯網站，提供了18區的平均樓價分布，大家可以看到某區某月的平均實用呎價，從而得知不同區份的樓價水平差異。

全港18區樓價走勢（2018年10月）

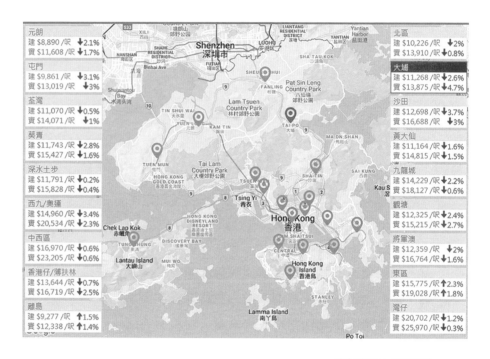

元朗
建 $8,890 /呎 ↓2.1%
實 $11,608 /呎 ↓1.7%

屯門
建 $9,861 /呎 ↓3.1%
實 $13,019 /呎 ↓3%

荃灣
建 $11,070 /呎 ↓0.5%
實 $14,071 /呎 ↓1%

葵青
建 $11,743 /呎 ↓2.8%
實 $15,427 /呎 ↓1.6%

深水土步
建 $11,791 /呎 ↓0.2%
實 $15,828 /呎 ↓0.4%

西九/奧運
建 $14,960 /呎 ↓3.4%
實 $20,534 /呎 ↓2.3%

中西區
建 $16,970 /呎 ↓0.6%
實 $23,205 /呎 ↓0.6%

香港仔/薄扶林
建 $13,644 /呎 ↓0.7%
實 $16,719 /呎 ↓2.5%

離島
建 $9,277 /呎 ↑1.5%
實 $12,338 /呎 ↑1.4%

北區
建 $10,226 /呎 ↓2%
實 $13,910 /呎 ↓0.8%

大埔
建 $11,268 /呎 ↓2.6%
實 $13,875 /呎 ↓4.7%

沙田
建 $12,698 /呎 ↓3.7%
實 $16,688 /呎 ↓3%

黃大仙
建 $11,164 /呎 ↓1.6%
實 $14,815 /呎 ↓1.5%

九龍城
建 $14,229 /呎 ↓2.2%
實 $18,127 /呎 ↓0.6%

觀塘
建 $12,325 /呎 ↓2.4%
實 $15,215 /呎 ↓2.7%

將軍澳
建 $12,359 /呎 ↓2%
實 $16,764 /呎 ↓1.6%

東區
建 $15,775 /呎 ↑2.3%
實 $19,028 /呎 ↑1.8%

灣仔
建 $20,702 /呎 ↓1.2%
實 $25,970 /呎 ↓0.3%

資料來源：美聯網站

最後，要知道港九新界某月的某個面積單位的平均樓價，可以到差餉物業估價署下載數據表，對於研究個別面積的樓價走勢很有幫助。

006 高地價政策

香港土地及樓房價格高企，不少人歸因於高地價政策，無論回歸前後，政府都不承認有這個政策存在，然而不時學界和民間都有人要證明它的存在，只不過是政府不承認而已。作為物業投資者，固然受惠於這個政策，但是若政府作出改變，甚至根本就沒有它的存在，又如何自處呢？

內地有「土地財政」一詞，源於中央政府收回地方財權之後，同時准許地方政府以賣地收益補貼財政，被認為是照抄香港的高地價政策。依賴土地收益支撐財政，與香港雖有大同，卻有小異。雖然香港政府不少收入與土地房屋相關，但是不似內地要上繳中央，香港可以獨立處理其他的財政收入，換句話說香港對土地財政的依賴比內地少得多。

另一個大差異是香港的稅率遠比內地為低，除了上述不用上繳中央之外，土地和房屋相關的收入，包括賣地、物業印花稅、差餉、地租、物業稅，以及與地產相關的利得稅等，都代替了一部分的直接稅如薪俸稅、利得稅等等。換句話講全香港的市民和企業，或多或少、直接或間接都受惠於此。

那麼究竟香港有沒有「高地價政策」呢？筆者認為，樓價高企並不是政策的結果，反而是因為香港經濟活動製造出來的經濟地租（Economic Rent，詳細解說，見018關鍵詞）令樓價高企，為了適應這種現實情況，政府選擇壓低其他稅項，轉為從土地獲得收入。道理很簡單：如果可以用政策令到樓價高企，為何那些窮國不去採納此法呢？所謂「高地價政策」其實是倒果為因。

在香港這個現實之下，可以享受低稅率之餘，同時也可以受惠於樓價高企的辦法，就是投資房地產市場：從支付「土地財政」的受害者，變身為「高地價」現象的受惠者。坊間不斷灌輸買樓就是做樓奴，其實真正的樓奴是要代業主供樓，又不獲政府扣稅的租客。

007 ｜ 樓宇落成量

衡量樓宇供應有很多不同的指標，不同的政府部門會公布各種數據，例如屋宇署資料月報的獲批圖則、地政總署的賣地紀錄、運輸及房屋局的私人住宅一手市場供應資料；另外，地產代理也會統計樓花數量，以及發表發展商貨尾的研究報告。眾多指標表示了物業發展不同階段的數據，坊間一些報導以施工量或樓花數量來計算，這些指標往往出現時間差，未能準確表達實際進入市場的住宅數量。

筆者認為當中最重要的是落成量，因為無論去到任何一個階段，真正可以供給市民居住的就是現樓，當中以運輸及房屋局的私人住宅一手市場供應資料最具參考價值。每一個季度均會公布相關施工量、落成量和未來三至四年間供量，最早的數據是1997年。

私人住宅的發展階段包括由生地變成熟地，然後進入建築工程，完工還要經過各相關政府部門驗收才會獲批佔用許可證，即俗稱「入伙紙」才可以供給人們入住。即使買了樓花，訂明關鍵日期，也可以因各種原因有所延遲，所以拿到入伙紙才能夠算是整個項目完成。

運房局這些數據用兩個圖表分別顯示出來，筆者在2009年第一本地產著作就發表了怎樣用施工量來大概預測落成量，而1997年至今，即使數據有所出入，但整體上都可以看到未來幾年住宅供應的大趨勢，方法就是考慮到由施工到落成，有四年左右的時差：今年落成的樓宇在四年前施工，今年施工的樓在四年後落成，雖然不是完全準確，但大致上知道未來幾年的供應趨勢。

在回歸後的1998到2000年，出現一次施工量的高峰，每年均有超過30,000個私人單位開始建築工程，四年後的2002到2004年就出現一次落成量的高峰，這種時差之後十多年的印證也大致上相符。

眾所周知，樓宇興建期是以數年計，所以其供應彈性（Elasticity of Supply）甚低，當供應不足時，要提供新供應也不是短期內可能實現。例如在2009年，當政府發現勾地政策導致樓宇供應不足時，雖然改為每個月都推出地皮拍賣，也遠水不能救近火；相反即使政府於1998年宣布暫停賣地，剎停八萬五政策，房地產供應仍然是源源不絕，可見對於物業投資者而言，能掌握未來幾年樓宇落成量極為重要。

從右面的圖表可以看到，由2008至2009年施工量見底，之後逐漸上升至今，但由於四年時差的關係，2012-2013年開始，落成量也見底回升，同時亦可以推測到，下一次的落成量高峰將會是2020年，這樣未來幾年的住宅供應將會繼續增加。

從施工量預測落成量（截至2018年6月30日）

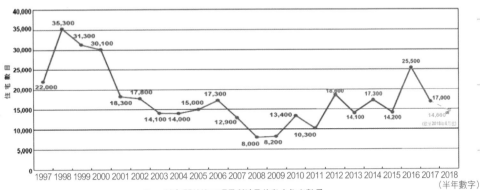

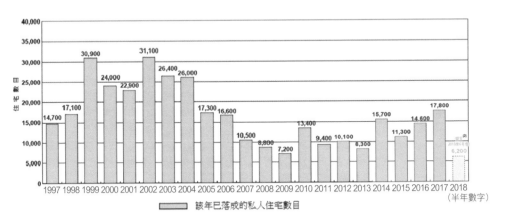

樓宇由施工到落成需約四年

資料來源：運輸及房屋局網頁

008 供樓負擔比率

樓價水平是否偏高,可以從購買力或供樓負擔比率來衡量,美國城市規劃咨詢機構Demographia(http://demographia.com/)連續14年發布的《全球房價負擔能力調查》(International Housing Affordability Survey),香港連續八年成為全球樓價最難以負擔的城市。

Demographia用中位數倍數(Median Multiple)來衡量房價的負擔程度,以樓價中位數與稅前家庭收入中位數計算比值,大體與傳統意義上的房價收入比相當。2018年香港達到了19.4倍,表示普通香港家庭不吃不喝不納稅,也需要19.4年才能在香港買樓。

房價負擔程度(2004-2017年)

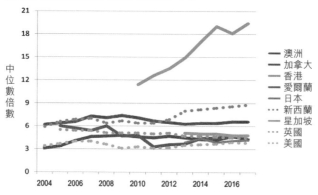

資料來源:Demographia全球房價負擔能力調查2018

香港也有機構計算供樓負擔比率,包括恒生銀行、財經事務科經濟分析組、中原地產、美聯物業,其中地產代理公司定時公布數據,但筆者認為這些數據均難以真正顯示一個客觀的供樓負擔比率。近期更有人創作了「樓奴指數」,將受訪者的個人感受來衡量水平是否偏高,均沒有投資上的參考價值。

例如財經事務科經濟分析組是以中位家庭收入、七成按揭、40平方米(約430平方呎)計算,卻沒有表明供款年期,以及按揭利率相對於最優惠利率的水平。而中原地產提供P按與H按兩個數據:私樓住戶指數以600平方呎、六成按揭、二十年還款期計算。美聯物業則是以一個500呎單位計算,承造7成按揭、以最優惠利率的按揭息率2.2厘,還款期20年計算。

不同的標準令到數據的比較出現困難,況且買樓不單看買家的每月收入,也要看其資產值,以及更重要的是借貸能力。根據金管局指引,置業人士在申請按揭貸款時,需要接受壓力測試。按揭申請人的「供款與入息比率」(Debt Servicing Ratio, DSR)上限為50%,即是個人供款負擔比率不能超過50%;於壓力測試下,假設實際按揭利率上升3個百分點,DSR最高只能為60%。

筆者認為,與其將供款負擔比率視為測市的指標,不如將之用於分析個人置業能力。置業人士可根據收入、心儀物業售價、首期、按揭成數、年期、息率,計算一下自己能否購買該物業,比較實際。

根據政府統計處數據,家庭的住屋開支多年來大約佔總收入的三成左右,理論上供款或租金佔三成就是全港的平均數。既然不同的家庭有不同的收入水平,因此可因應供款負擔比率來做預算。市場流傳,曾經有月入三萬的人買了2,000萬住宅,最後因為無法上會而撻訂200萬,就是一個教訓。

009 | 資金流向

物業除了居住用途之外，還有投資的屬性，所以需求不單只看香港人口的自然增長和移民流出流入，還要看投資的需求，特別是近年來內地各主要城市均實施不同程度的限購，不少已經在戶籍所在城市，購買了配額物業的投資者，要在物業市場加碼，唯有冒著買家印花稅到香港買樓投資，所以資金流向對樓價也有一定的主導作用。海外的需求也會帶動香港物業市場，透過觀察外資和流入香港，就可以知道境外資金的流入流出情況。

根據香港金融管理局經濟研究部所作的定義，「資金流入壓力」是涉及貨幣兌換的港元資產的需求增加（當中包括存款、股票、債券、物業及其他資產），「資金流出壓力」則是港元資產的需求減少。資金流入壓力會引致港元匯率轉強，香港銀行體系的淨港元負債（Net Hong Kong Dollar Liabilities），或金管局的淨港元負債（又稱為「貨幣基礎」）增加。

在聯繫匯率制度之下，金管局會以每美元兌7.75港元無限量沽出港元，所以當有龐大資金流入本港的銀行體系，金管局所持的港

元結餘（存款）就會增加。當有大量資金流入香港，金管局向銀行體系沽出港元，從而令到金管局港元存款總結餘減少，反之亦然。

另外，由《信報》建立「香港資金流向綜合指標」也是用作追蹤資金流入或流出，是由美電匯價、金管局銀行體系結餘和美電遠期的三項市場數據，加入不同的權重綜合而成的單一指標。指標向上，意味資金或有流入香港的跡象，反之亦然。當香港感受到資金流入或流出，就會觸動美電匯價；而且資金流入或流出情況若持續，甚至觸及金管局 7.75 港元強方或 7.85 弱方兌換保證匯價，必令金管局銀行體系結餘有所上升或回落。此外，資金流入或流出也直接地影響拆息的表現，進而左右到美電遠期的變化。

由於樓價的變動比股市和外匯緩慢，所以要有較長期而持續的流入或流出，才會反映在樓市之上，所以資金流向只宜作為樓市參考指標之一。

然而有一些特例是由於稅制改變而引發資金流向，香港在 2006 年 2 月取消遺產稅，當時的財政司司長唐英年引述數據：

「在銀行存款方面，截至 2006 年底，香港的銀行存款高達 47,622 億，較 2005 年上升 17%，而 2001 年至 2005 年平均只按年上升 3%。另外，2006 年香港的直接外來投資達 3,332 億港元，較

2005年上升超過27%。於證監會註冊提供資產管理服務的銀行，其管理的私人銀行客戶投資組合總額，亦於2006年錄得31%的增幅，較2004及2005年每年約16%的增幅明顯上升。雖然投資決定受多種因素影響，但上述資料有助顯示取消遺產稅後，香港的資產管理及整體金融業皆有顯著增長。」

中央政府進行稅制改革，也可能引發內地資金來港享用相對優惠的稅率，這方便也會間接鼓勵外來資金進入香港樓市，投資者也可以多加留意。

010 樓市滯後效應

市場上有一種流行的說法,是樓市的表現滯後於股市三至六個月,比如當股市見頂下跌,之後的三至六個月樓市才會跟從,據說,這種說法由已故財經界新聞人曹仁超先生引進香港。

要驗證這個說法的合理性,最簡單的方法就是比較恒生指數和樓價指數的走勢,美聯樓價走勢的其中一項功能就是比較各種經濟指標與美聯平均樓價,資料最長可追溯至1997年。

樓價與恒指走勢比較

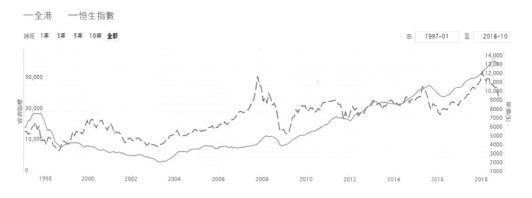

資料來源:美聯物業網頁

以1997年轉角市為例，恒指在7月見頂，而美聯平均樓價在10月見頂，樓市滯後約3個月。金融海嘯時，恒指在2007年10月見頂，美聯平均樓價在2008年3月見頂，樓市滯後約5個月。至於2018年的經濟轉向，恒指在2018年1月見頂，而美聯平均樓價在同年8月見頂，兩者相差約7個月，似乎這種效應可以成立。

但是細心一看，股市在預測樓市低位的成績並不理想，並且有時股市轉勢了，樓市卻沒有跟隨，包括2000年科網時的升浪，樓市只是略為反彈之後就繼續下跌；又如2009年金融海嘯時，樓市就先於股市見底。

筆者個人的經驗認為，股市往往會因為一個概念而狂升暴跌，樓市卻更受實體經濟因素影響，就以2000年科網泡沫為例，雖然股市強力反彈，但這種概念卻沒有擴散到樓市，在實體經濟有欠改善之下，樓市就繼續其下降的軌跡。投資者不宜花太多時間追蹤股市和樓市的關係，他們就像一隻壞了的時鐘，每天總有兩個時間是準確的。

恒指由2018年初逐步下挫，到第四季樓市開始下跌，暫時未知究竟是否由股市引發，還是因為中美貿易戰所影響，但筆者認為更需要留意的是不同地區的樓價洗牌，典型的例子是東涌迫滿遊客之後，東涌出現短暫的二手成交價下跌，然而，日後當適應了這種情況，加上旅客變成實質的產業時，對樓價的影響應是正面的。

chapter 2 >>> 011~017

經濟轉型
社會巨變

chapter 2

經濟轉型　社會巨變

分析樓市的宏觀走向，必定要對社會經濟因素（Socio-economic factor）有充份的了解。

香港自1841年開埠至今的百多年，經濟不斷轉型：由漁村變成港口，由轉口貿易變成製造業基地，由中國對外的窗口變成國際金融中心，每次經濟轉型，香港的社會結構亦隨之巨變。樓市作為產業的載體，亦跟著適應經濟的形勢。

現時很多大型物業原本就是港口設施，包括船塢、貨倉、油庫等，到工業北移時不少工廠改建成商用物業，金融產業蓬勃也令到香港的商業區不斷擴展，再提供了大量的物業投資商機。購入向上轉型地區的物業，能夠享受到產業升級帶來的增值。

而隨著網購的興起，愈來愈多企業在批發和零售以外，開闢了網上銷售渠道，令地舖和商場出現供求上的變化：商店微型化，商場多元化，甚至連支付和物流方式都出現巨變，如何投資不同種類物業作出配合？

社會結構也不斷變化，中產階級的興起令高收入社群對精品物業需求出現。以往的高級住宅只出現在港島的豪宅區，後來中產精品屋苑擴展到市區不同地方，從而帶動士紳化的區域樓價上漲。

香港由農業社會變成工業社會，再進一步成為以服務業和虛擬產業為主的後工業社會，都市化亦導致出生率下降，傳統大家族變成核心家庭，進一步更有「一人家庭」的出現。地產市場亦因而出現新趨勢：單位面積趨向細小，商業物業配合網上經濟出現碎片化。

人口老化是環球性的趨勢，香港也正在步入其中，未來人口結構可令物業需求萎縮，但同時也催生新的地產商機，新的物業類型和服務也隨之而來。

總括來說，投資地產的周期較長，實在有必要多了解經濟社會宏觀因素，才作投資決定。

011 | 經濟轉型 (1)：工業北移

隨著工廠北移，香港經濟由以製造業成主轉變成服務業，然後再進一步向金融和消費性行業轉型，同時，由於互聯網經濟模式興起，實體店舖的生意也有一部分轉移到網上，因此城市規劃和土地用途分布也要跟隨經濟形勢而轉變，如何把市區的工業用地改變用途，成為政府研究的問題。

政府推出的活化工廈政策，令到很多工廈改裝成為工貿、酒店等用途，主要集中在港島的黃竹坑、九龍的觀塘，新界的葵涌、荃

灣、屯門、沙田等傳統工業區，均有不少活化工廈的成功個案。但較少人留意的是政府長期進行的《全港工業用地分區研究報告》。根據《2009年全港工業用地分區研究報告》政府公布，全港有七個工業地段轉作規劃用途，其中規模較大的是荃灣東、小瀝源及屯門，接著就推出了活化工廈計劃。下圖是規劃署於2009年報告中，針對新界南附近發表的規劃圖，可看到黃色部分轉為其他指定用途（商業）（OU（B）），餘下紅色的是工業用途（I）。

葵青及荃灣區工業用地規劃圖

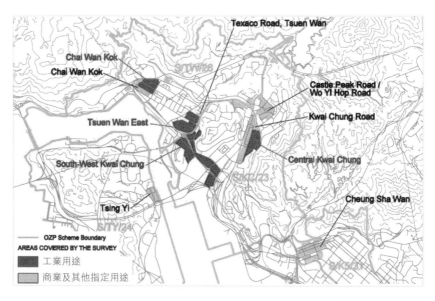

資料來源：規劃署

在《2015年全港工業用地分區研究報告》，形勢有所改變，由於香港工業和商貿用地空置率降至5%，總面積亦降至223公頃，然而工業用地有實質需要，2018年需要多6成樓面面積，因此政策上不會再大力支持工業用地改變用途的申請。最受影響的是沙田小瀝源及火炭，但卻建議擴大粉嶺安樂村一帶，至於荃灣柴灣角及南區西鴨脷洲的土地用途，建議可由工業改作商貿用途。

葵涌是最受惠於經濟轉型，特別是葵興站對面的大連排道，除了由巴士廠重建而成的九龍貿易中心（KCC），以及由聯泰工業大廈改建而成的銀座式商場外，還有有名店商場佛羅倫斯小鎮的KC100、正在興建的KC88以及由新地發展的葵涌道與葵安道交界的商貿項目。

交通方便以及行業集聚的商貿區，如大角咀、觀塘、荔枝角、葵涌等，本身已具備一定的商業價值。經過多年的北上及回流，能夠留在香港運作企業，已能支付較高租金，要拆卸工廈「請」用戶們搬走，而將之改變用途就要超愈現時的經濟地租。土地用途有其排斥性，同一幅土地用作工貿用途就不能同時用作住宅用途（雖然有很多人非法地棲身在舊工廠），把土地用途轉換，將會引發土地使用價值的爭逐。

香港的經濟重心北移，傳統商業區如中上環、灣仔、銅鑼灣、鰂魚涌、尖沙咀等，已擴散到佐敦、旺角、觀塘、九龍灣等，結果帶動了附近的地價以至樓價，這種此消彼長的趨勢將愈來愈明顯。

往後的關鍵詞將闡釋城市內部及對外的交通運輸設施「一路向西」發展，打破了以往的樓價向維港兩岸傾斜，甚至狹義至以中環為中心的結構分布。物業投資者必需抓緊經濟轉型的動向，以免錯失良機。

012 | 經濟轉型 (2)：跨境樞紐

回歸前一段長時間，維港兩岸的確是香港的經濟中心，不單道路和地鐵均是以中環為中心來規劃，當時大部分的渡輪都是以中環統一碼頭為起點，甚至到澳門的輪船也靠著上環港外線碼頭。至於與內地的連繫，主力是東鐵羅湖，或紅磡站出發的城際鐵路，航空則在九龍城區的啟德機場，總的來說幾乎所有的跨境樞紐均在維港兩岸。

時移勢易，隨著中港之間的跨境交通基建分散到新界和離島，香港的跨境樞紐已有外移之像，先是回歸後新機場在大嶼山落成，然後是皇崗24小時通關消滅了過關的時間限制，然後是西部通道以一地兩檢形成同時通關的先例。

2018年廣深港高速鐵路和港珠澳大橋相繼通車，這兩個基建最大的特點是載運量極為龐大，每天可盛載數以萬計的人，尤其是港珠澳大橋打通了香港與珠江口西岸一帶的城市，香港正全面融入人口數千萬的大灣區經濟腹地（Hinterland），令到香港無論在營商或就業，都多了選擇，並且提高了社會整體效率。

香港機場第三跑道亦將令到香港航空業得以擴充，並以此為基礎發展機場城市，特首林鄭月娥在2018年的施政報告中提出發展

「機場城市」，包括港珠澳大橋香港口岸人工島上蓋發展項目、機場三跑系統、位於南貨運區的高增值物流中心、航天城發展項目、亞洲博覽館及其第二期發展，大嶼山將會成為連接粵港澳大灣區以至全世界的「機場城市」，鞏固及提升香港國際商業中心地位。

跨境樞紐地位能為香港帶來新的人流和產業，東涌一帶雖有旅客擠塞之苦，但消化了這些增量，便可作為香港經濟建設之用。高鐵及港珠大橋日後將會帶動旅遊業，前者會將人流帶到尖沙咀、佐敦一帶，後者更將沿著東涌線及荃灣線擴散開來，特別是一些具有大型商業物業的車站，如青衣站、奧運站、九龍站等等，租金樓價會將被帶動起來。

同樣道理，香港也可以受惠於大灣區規劃甚至一帶一路，香港既可以分一杯羹，亦可作出貢獻。以往的例子就有自由行消費帶動香港零售市場和旅遊業更上一層樓，放在眼前的商機就是香港的高增值服務業如何打入內地市場，還有就是內地人對於香港物業市場的投入，也將必因之而起。

013 | 經濟轉型 (3)：邊境經濟

基建提供到跨境通道，但更重要的是這些經濟活動要在那裡聚集，形成邊境經濟。邊境經濟的出現需要符合兩個條件，第一是兩地之間出現關稅制度的不同以及商品價格的差異；第二是出現了一個集散地，可以是關卡、碼頭、車站，甚至是墟市。在香港歷史上，旺角花墟曾是農作物的墟市，而深水埗則是從海路把農產品等貨物運送到香港島的集散地。

數年前，北區上水曾是深港兩地的物資集散地，不少內地居民來香港購買用品時也會選擇到上水新豐路一帶的店舖，極盛時，在上水站外的空地更有大批水貨客在拆貨裝貨，這就是典型的邊境經濟。

香港第一代發生的邊境經濟在那裡呢？筆者找到一張1895年的古地圖，當時界限街以北是滿清政府的領土，界限街以南已經在1860年割讓予英國，到1898年新界才由滿清政府租讓予英國，所以1895年中港的邊境位於現時的界限街。從下圖可以看到，界限街以南仍然是大片農田山野，旺角仍然是沙灘，可是在深水埗的岸邊，卻出現了一座不成比例地大的建築物，以及有一段伸出海邊的碼頭：這就是一座邊境的深水碼頭（埗／埔）。

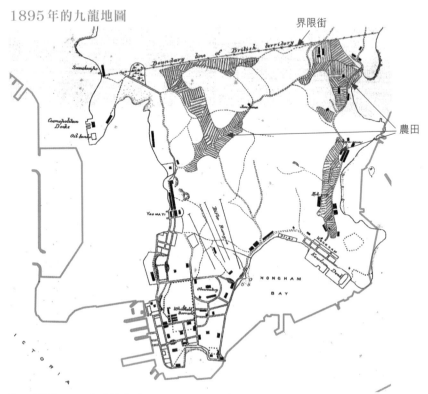

1895年的九龍地圖

界限街

農田

註：藍線為2004年的海岸線　　　資料來源：英國地形測量局，哥連臣中尉
（Ordnance Survey, Lieut Collinson）

而至2003年皇崗口岸24小時通關之後，邊境經濟提供了上水站
一帶的商業物業，特別是地舖、商場等的商機。新豐路有紅色小
巴到落馬洲，然後出現了黃巴士服務，成為中港兩地走的香港人
消費集散地。後來，中國政府開放內地居民來港自由行，造就了
上水一帶邊境經濟的全面發展，北區的住宅樓價跑贏大市，而更
大的升幅則是新豐路一帶的地舖，以至於附近的工廈變身為散貨
場。

可是自2016年內地自由行從「一簽多行」變成「一周一行」，以及內地海關大力打壓水貨之後，上水車站外拆貨裝貨的水貨客大大減少，工廈的散貨場紛紛結業，新豐路一帶也出現了吉舖，以至於拖沓多時的邊境購物城項目，入伙至今仍然是冷冷清清。2018年廣深港高鐵通車，更將大部分高消費購買力的旅客直接帶到西九龍，令北區的樓市及商業物業雪上加霜，那些高位接貨的投資者損失慘重。

相反，高鐵把南下人流以飛地的方式一下子跳到了西九龍高鐵站，由深圳福田站到此是半小時之內的車程，令到深圳CBD（Central Business District, 闡釋詳見P.81）和九龍西形成半小時生活圈，未來隨著客流量逐步增加，西九遲早變「公交化」，即

高鐵站(左)與柯士甸站(右)以一條天橋連接，兩站只相隔一條大馬路。

是搭高鐵就像搭巴士那樣便利。高鐵站位於機鐵九龍站和西鐵柯士甸站的中央，從高鐵站出發，要到達圓方商場就要穿過三座商廈的大地盤，相反，柯士甸站只有一街之隔，從柯士甸站去佐敦官涌一帶只需經過一條行人隧道。因此，從距離推測得到，官涌將會承接到高鐵帶來的人流。

另一個邊境經濟熱點將出現在東涌，由於港珠澳大橋的轉車站鄰近東涌站，不少旅客在這裡轉車，甚至出現人流久聚不散的現象，東薈城的業主和租戶固然受惠，並且有東薈城第二期項目，以至於施政報告中提及的「機場城市」概念，都必將重演以前北區樓市興旺的情景，投資者宜早著先鞭。

014 | 經濟轉型 (4)：樓上經濟

地產界有一個迷思，就是為甚麼香港的住宅單位數目長期比全港家庭戶數多出廿多萬，但是實際上仍然是供不應求，筆者思考多時終於有一個具有說服力的答案：就是有一定數量的住宅單位，被用作居住以外的用途。具體的例子有彌敦道一帶很多商住大廈除了地舖用作零售之外，還有樓上的住宅單位被用作貨倉用途，進而有一些本來在地舖的商店搬到上樓上的住宅經營，筆者稱之為「樓上經濟」。

最典型的例子是書店，廿多年前旺角有很多地舖的商店，可是隨著舖租不斷上升，大部分書店要不是結業就是搬到樓上舖繼續經

不少旺角書店都搬到樓上舖，髮廊、服裝店，甚至沐足店都可以在樓上開舖。

營。後來更擴展到其他的行業，如髮型屋、眼鏡舖、餐廳等等，甚至有以「樓上」為名的海味舖，都在顯示樓上經濟的開端。

2000年，科網狂潮令全球盲目地投資互聯網基建，包括光纖寬頻網絡、移動電話網絡等，網上業務因此相繼出現，亦掀起了香港第二波的樓上經濟熱潮。這些網上商店不需要用地舖來宣傳及營運，可以在樓上舖甚至工廠大廈經營，成本進一步下降，一些傳統的地舖零售商也加入這一波的上網熱潮。最典型的例子是由黎智英創辦的「蘋果速銷」，就是標榜網上銷售的零售商，可惜因種種原因而結業。

第三波樓上經濟是智能手機的普及化，一些上了年紀的人可能會抗拒用電腦上網，但他們會接受到使用手機流動互聯網服務，年青一代甚至兒童都有能力使用這種隨身的科技。但是筆者認為更重要的是出現一些為個人和中小企服務的網上營商服務，例如Facebook和Google的網上宣傳、各種網上支付平台，以至更為重要的網上物流配送服務，企業除了不用投資大量的倉儲物流，亦不需要龐大的支付系統，令網上創業的成本變得微不足道。

但是對於地產市場的最大影響是不少實體店的生意流失到網上，最先出現的是內地店舖退租潮，由於越來越多業務由實體轉為網上，打擊了商場甚至地舖的需求。雖然這種狀況還未在香港出現，但從五至十年的時間來說，實體經濟將轉向樓上經濟，地舖商場的租客會轉到樓上舖，甚至會轉到工貿和工廈經營。物業投資者宜考慮為此而改變物業組合。

015 | 士紳化

政府多年來不斷推動市區重建，先後成立土地發展公司和市區重建局協助進行，私人發展商也不斷收購市區舊樓重建為住宅，原有的居民被遷走，新建的項目吸引了高收入社群入住，令到整個地區的人口構成出現變化，所提供的商品與服務也趨向精品化和價格提升，間接導致地價和租金出現上升，英國社會學家格拉斯（Ruth Glass）稱此現象為士紳化（Gentrification）。

朗豪坊的落成，令砵蘭街一帶出現士紳化，帶動了旁邊旺角 MPM 文華商場的人流和租金。

在香港，最典型的例子是旺角朗豪坊項目，筆者在落成時驚覺砵蘭街上海街中間居然可以開設高級名店西武百貨，後來經長時間觀察，證明商舖租客比筆者聰明得多：旺角消費力的主力是流動人口，重建之後硬件提升了，吸引了高消費力的流動人口，商品與服務趨向精品化和價格提升，間接帶動了附近的商舖租金水平。

另一個例子是沙田新城市廣場，十多年前仍有民生日用店、超級市場如惠康，後來翻新後變成了city'super；火車站那一層的商舖變為名店如agnès b.、Tommy Hilfiger、Armani Exchange，就連珠寶行都被趕上一層，這顯示兩個現象：顧客（包括附近居民）消費力提高、經濟活動令到土地價值上升。

除了市區重建之外，新的交通設施也可以促進士紳化，例如九龍大角咀在東涌線開通時交通不便，居民以勞動階層為主，自從奧運站開通以後，吸引了大量的中產階級流入，新型屋苑如雨後春筍般陸續落成，有接近十間酒店先後啟用，以埃華街為中心的食肆商舖，還有必發道和洋松街的工廈重建潮，促進了大角咀物業價格及租金的上升。

高鐵通車之後，佐敦官涌一帶的地舖也出現士紳化現象，一些沒有實地觀察的人認為高鐵站與該處相距太遠，批評地舖十室九空而否定其投資價值。然而高鐵站大堂有隧道通往柯士甸站，而柯士甸站又接駁了廣東道的行人隧道系統，筆者認為該區地舖的業

佐敦官涌出現不少空舖，相信是業主為日後高價出租做準備。

主只是寧願丟空也不願低價出租，到未來一兩年高鐵的消費人流進入該區時，該區物業價格必定出現翻天覆地的變化。

投資者如何把握士紳化的商機呢？上述就是說市區重建和交通基建引發的士紳化，另外一種可能性是現有消費區的擴展，過去十年銅鑼灣天后之間的大坑浣紗街一帶，出現不少高級食肆，繼而不少舊樓被收購重建為豪宅，背後的原因是銅鑼灣購物區的商業活動溢出到這區地段。

所以投資者要密切留意社區的微妙發展，特別是商舖的組合及檔次有甚麼變化，以掌握到士紳化的商機。眼前有一個例子是南昌站和海壇街一帶，有興趣可以實地觀察。

016 家庭微型化

日本著名社會學家大前研一和三浦展,於十多年前先後發表了《M型社會》和《下流社會》,最近則發表《一個人的經濟》和《超獨居時代的潛商機》,分別採用社會觀察和樣本調查作為商業決策之用。我認為,香港也步向日本的社會發展,轉為家庭分支和個人化。

住宅的使用對象以家庭為單位,近代家庭結構的轉變也令到住宅形式出現變化。香港家庭住戶的每戶平均人數在每次人口調查時均出現下降,最近的數據顯示,每戶平均人數由2006年的3.0人下降至2016年的2.8人。核心家庭是由兩夫妻和他們的兒女組成,當每戶平均人數下降到3以下,意味著無孩家庭的數目已足以抵銷有孩家庭。

另一現象可參照1961至2016年之間的家庭住戶比例的變化,大半個世紀以來,主流家庭由6人或以上,演變為以2人家庭最多,而住宅單位近年也愈建愈細,暗地迎合著家庭微型化這種趨勢。

日本單身公寓,類似香港百多呎的開放式單位。

1961年至2016年按住戶人數劃分的家庭住戶比例

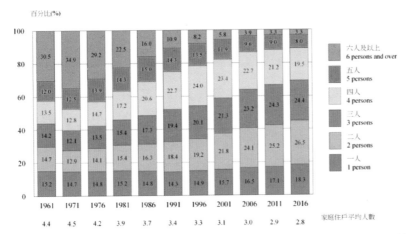

資料來源：政府統計署

傳統大家庭繼承自士族社會，數代人聚居在一起，如新界的圍村或內地的四合院，然後在都市化及工業化後分支為核心家庭，即兩夫婦與兒子住在兩房或三房的住宅單位內，再進一步是年輕人未結婚也獨自出來居住，一個人可以是住納米單位甚至一間劏房。套用在樓市上除了住宅單位微型化外，就是被稱為「成功靠父幹」的分支家庭現象。以往大家庭是全家人一起支付居住成本，現時是兒子用家族的財富支付分支的置業成本，自然理所當然，換一個角度是父輩用兒子的配額，買多一個物業來節省印花稅而已。

回到家庭微型化的影響，單位的面積將會兩極化，大面積的單位由大家庭居住，納米單位和劏房由核心家庭甚至個人居住，處於中間的單位，將會面臨需求萎縮的情況，還不是M型社會和下流社會的結果呢！這方面的趨勢，物業投資者不可不察。

017 人口老化

香港社會正面臨人口老化的挑戰，2006至2016年，65歲及以上的長者數目增加了約31萬人，有長者的家庭住戶，由59萬戶大增至81萬戶，增幅達36.5%；有長者的家庭住戶佔全港家庭住戶由26.7% 增至32.3%，未來這個趨勢還是會繼續。

社會學用「空巢期」一詞描述核心家庭的子女長大後分支出去，留下老人居住的社會現象，就像乳燕空巢那樣，香港的空巢家庭在過去10年大幅上升，2016年數目達26萬戶，超過一半是獨居的長者，期間大幅上升54.3%。

2006年、2011年及2016年有長者的家庭數目*

住戶人數 Household size	住戶數目 Number of households		
	2006	2011	2016
1	98 829 (59.2)	119 376 (60.0)	152 536 (58.3)
2	67 094 (40.2)	78 581 (39.5)	107 182 (41.0)
3+	988 (0.6)	883 (0.4)	1 703 (0.7)
總計 Total	166 911 (100.0)	198 840 (100.0)	261 421 (100.0)

*按住宅人數劃分只有65歲及以上長者的家庭住宅數目　　　　資料來源：政府統計署

人口老化對地產市場的影響是，一些原本供核心家庭居住的單位居住人數減少到只有一人或二人，而香港並不盛行分租單位，那些長者就有誘因出租或出售原有較大單位而搬到細單位居住。長期來說會令到中型單位供應增加，需求減少。

當然，人口老化同時亦製造出新增的地產商機，例如房協就推出過專為長者而設的項目，長者亦可以把單位進行逆按揭，甚至有「舖王」之稱的鄧成波，也積極把旗下物業改裝成老人院，而成為一門生意。

社會不可逆轉的人口老化趨勢之下，對不同物業種類的需求自會改變。筆者建議投資物業時，盡量避開需求漸漸萎縮的中型及大型單位，轉而考慮適合一至兩人居住的細單位，最好就是那些靠近醫院的屋苑，能夠方便老人家使用醫療服務。

土地軟硬件
價值催化劑

chapter 3
土地軟硬件　價值催化劑

樓價和一般商品一樣，價格由供求因素決定，但不同地區的樓價升幅並不一致，甚至在同一區不同樓盤也有不一樣的升幅，究竟背後有何力量推動呢？筆者認為是由於不同地點出現不同的經濟地租（Economic Rent），決定性因素是區位（Location），就是中文所講的「地利」。

英國地產大亨 Harold Samuel 曾說過一句名言：「物業最決定性的因素有三個：位置、位置和位置」（There are three things that matter in property: location, location, location.），用了「重要的事說三次」來強調位置的重要性。

筆者留意到在香港選擇物業，真的有三大 Location，而值得投資的住宅，均位於此三地：貴地、旺地、便地。

首先說貴地，就是指富豪世家或內地官二代聚居之地，大多數都是獨立屋，交通可以不便，社區設施可以沒有，但一定有美景，不是高山就是海灣。這些貴地物業銀碼多以億計，包括：太平山、歌賦山、奇力山、金馬倫山、聶高信山、壽臣山、深水灣、淺水灣、舂坎角、赤柱、大潭、石澳等。而一般人所指的「豪宅區域」，如跑馬地、何文田，並不算是貴地，只算「中產地段」，住的是發了一代的小富、中小企東主、大企業高管、高級專業人士等等，他們無論怎樣有錢，仍是中產。

第二種是旺地，很多人以為人多就是旺地，以前的九龍城寨是全球人口密度最高的地方，每平方公里達125萬人口，但不能算是旺地，何解？真正的旺地，是指有商業價值之地，比如中環是秒秒鐘億億聲上落，即使放工後和公眾假期很少人流，一樣是旺地。其他的旺地有：商業區、購物區、旅遊區，而且按相關的商業價值排高低。例如金舖集中在旺角，就是商業價值的體現；又如太古坊有大量高薪職位聚集，亦可算具有商業價值；反之，在天水圍開個天秀墟，就沒多大商業作用。

筆者認為，豪宅的定義是「旺地貴樓，貴地所有樓。」意思是在繁盛區域的高建築成本物業，或者是高尚住宅區的所有物業。

第三種，便地，就是便利的便，如果只是交通方便，卻沒有聚腳之地，例如那些巴士轉車站，就不算是便地，因為人人到此一遊，而不是「到此一留」，沒有其他設施，就不能夠算得上是便利。具體的例子有馬鐵沿線附近沒有商場的車站，包括車公廟、大水坑、恆安等等，只是方便「返屋企」，自然局限了升值潛力。真正旺地是既有交通之便，亦有聚腳之利，令人可以留在該區安居及消費。東鐵沿線大部分的車站，包括旺角東、九龍塘、沙田、大埔墟、上水等，鄰近都有「新字頭」商場，都是新鴻基地產精心經營的商業項目，可以帶動人流及消費。

那麼如果該地段既不貴，又不旺，又不便呢？那就極其量只隨大市起落，長期升幅極可能跟不上，典型「三不地段」的例子有深井，而新一代的「三不地段」，筆者估計會是大埔白石角。

018 | 經濟地租

經濟學的「經濟地租」概念，結合地理學的「地價分布理論」，解釋了很多地產市場的現象。地租理論描述一幅土地額外生產效益的價值，這理論可解釋，為甚麼同樣級數的酒店，只因位於城市的不同地段，房租就會不同。各種物業，無論住宅、工廠、寫字樓，均會因區位因素而出現差價，因為不同區位產生不同水平的經濟地租。經濟地租又由甚麼決定呢？中原地產施永青先生曾說，樓價是反映土地的生產力，換句話說，該土地能賺多少錢，就會反映於地租及地價上。

地價分布理論就是用來描述區位分布的現象，例如「中心商務區」（Central Business District, CBD）地價最貴，然後隨著與CBD距離遞增，土地價值就會遞減。以香港為例，中環、尖沙咀就是CBD，維港兩岸的經濟地租自然貴過新界，以至於現時在各區出現樓價與鐵路站距離成反比的現象。最典型的例子是沙田站，自成了一個小型的體系：以新城市廣場為中心，幅射到四周的屋苑，都出現了距離中心愈遠，樓價就愈低的情況。另外一個例子是屯門站，雖然屯門輕鐵車站星羅棋布，但依然是以瓏門為中心出現距離遞增樓價遞減的情況。坊間也有「中環中心理論」，認為住宅樓價的分布也是以中環的距離來計算，這推算卻值得商榷。

美國學者伯吉斯（Ernest Burges）觀察到當時芝加哥的城市土地應用，商業中心位在都市中央，外圍是商住混合的過渡帶（Zone of Transition），然後是工人住宅區、中產住宅區，最後是通勤帶（Commuter Zone）。推動這種分布的力量，是一系列的土地用途更替，包括競爭、優勢、侵入和演替，而地價由市中心向外下降。由於市中心的覆蓋最廣闊的市場，產生最高的回報，所以土地的競爭最劇烈，愈遠離市中心，競爭愈少地租就愈低，不同的行業有不同的地租負擔能力。

選擇投資的物業時，最好考慮買入價與現時的經濟地租是否相稱，更加需要估計到在可見的將來，該地經濟地租水平的可能變化。就以荃灣為例，沒有地鐵開通時，當時的荃灣碼頭就是經濟地租最高的地方，然後荃灣線通車後，經濟重心就東移到綠楊新邨和南豐中心一帶，後來西鐵開通，特別是西鐵的柯士甸站與高鐵站只是一街之隔，而由柯士甸站到荃灣西站只是相隔南昌站和美孚站，導致到荃灣西站一帶的經濟地租水漲船高，這亦可解釋到荃灣西站的新盤為何以市區價推出仍然有大量買家。所以投資物業時，購入價格遠低於其經濟地租的物業，才是致勝之道。

在不斷演進的經濟活動和結構之下，不同地段的經濟地租也不斷作出適應，產業逐漸轉型，土地用途向更高增值發展時，樓價也會隨之而上升，套用荃灣的例子，現時的爵悅庭、立坊、樂悠居以前被戲稱為工廠三寶，因為在入伙時四周仍然是工廠用途以及

楊屋道附近發展成多個大型的購物商場，該區商業價值因此大幅上升。

貨倉，對出的是已荒廢了的楊屋道運動場。可是筆者十年前力排
眾議，認為該三個盤大有可為。最終市場告訴大家，荃灣工廠大
廈重建為居屋，楊屋道運動場重建為商業物業，楊屋道以南的西
鐵項目逐漸發展成大型的購物商場群組，還要在兩個鐵路站之間
興建行人天橋系統，令到整個荃灣西的商業價值大幅上升。

其實整個香港亦是如此，由於多個大型基建項目均位於香港全境
的西部，出現「一路向西」的現象，包括高鐵站加強了九龍西的
CBD功能、港珠澳大橋增加了東涌的人流，屯門至赤鱲角的連接
路駁通新界西到機場，南港島線（西段）把黃竹坑和西環連接起
來，北環線將成為新界西到深圳羅湖皇崗的快速通道，以至於特
首林鄭月娥的「明日大嶼」和「機場城市」，均將會令到香港的經

濟重心向西移。相反，無論港島東、九龍東、新界東等，土地即
將開發殆盡，現時亦未有大型建設的規劃，這些區域將會相對地
邊緣化。

之後的關鍵詞將會重點地介紹最影響經濟地租和商業價值的因素
及案例，物業投資者宜作為決策的參考。

019 | 交通基建

基建全稱「基礎建設」，內地工程界有「七通一平」的說法，意指：通水、通電、通路、通郵、通訊、通暖氣、通燃氣和平整土地，可以理解為沒有經濟價值的生地，經過投資在基建之後成為具有經濟價值的熟地。不過光是具有七通一平是不足夠的，要進一步形成經濟地租，必需要有人在土地上經營經濟活動，尤其是除了就地居住和工作的人以外，能吸引到其他人到達該處進行生產和交易，這就是經濟地租的根本來源。

另一個內地常用的名詞「鐵公雞」，就是指七通一平以外的大型基建，即是鐵路、公路、基建，還包括了港口、碼頭、機場、陸港（物流園）等等交通設施。某區樓價能夠突圍而出，升幅跑贏大市，最見效的催化劑是鐵路，由無到有，或者作出了重大延伸，過去十多年來最受惠於鐵路建設的就是屯門。過去，屯門位置偏遠，出市區必經的屯門公路或青山公路經常塞車，所以大家都認為，炒到屯門樓，就是大市見頂的跡象。這種說法在2008年之前甚有市場，因為即使西鐵在2003年通車，樓價仍未有突出表現。

然而到了2009年，西鐵總站由南昌站伸延到東鐵紅磡站，即「九龍南線」通車，屯門有了直達九龍核心的鐵路網，自此屯門的樓價

脫胎換骨。以往屯門去荃灣要個多小時，如今由屯門站坐西鐵到高鐵站對隔離的柯士甸站，只需要半小時，令屯門真正成為半小時高鐵生活區。

經濟地租的來源是能夠吸引到其他人進行生產和交易，回顧屯門近幾年的變化，多了在市區工作的人落戶，商場和地舖也由服務當地的民生日用，升級到跨區甚至跨境的檔次。所以，交通基建可令到某地區的經濟地租大幅上升，對該區樓價的影響不言而喻。

另一例子是港島西環樓價飛升，主因2014年港島線的總站由上環延伸到堅尼地城，令西環樓呎價直迫太古城，西環由以往只以地面的慢速交通工具出入，變成到港島沿線各站只是十分鐘以內。

但較少人留意到的是，由於新站的設計是以長距離的通道和電梯為主，以西營盤站為例，由般咸道到德輔道西的西源里全程都可以通達，現時已成為西半山居民的主要通道，結果西源里出口兩旁發展為新型住宅和新的購物社區。香港大學站再加上寶翠園的電梯系統，又成為了由薄扶林道到達西環的捷徑，甚至堅尼地城已經由一個舊區銳變為中產小社區。原本以住宅為主的舊區，漸漸出現不少商廈和酒店項目，也是經濟地租大幅上升的成功個案。

鐵路以外，高速公路、隧道和跨海通道也會對地區上的經濟地租作出根本性的改變，現時正在進行的中九龍幹線，獨立地看只是

中九龍幹線

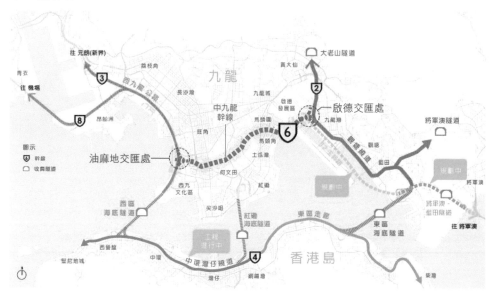

資料來源：路政處

由啟德通往西九龍的項目，但根據政府的整體規劃，還有與舊機場跑道平衡的T2主幹路，以及將軍澳藍田隧道，再接駁至將軍澳跨海大橋，工程完成後，由將軍澳到高鐵站的車程將會大大縮短，而現時九龍東西方向路面的擠塞狀況也可以大大減輕，整個沿線地區的經濟地租也會墊高樓價。

尋找未來交通基建大有改善的地區，就像股票市場再估值（Revaluation）那樣，是彎道超車的不二法門，所以留意交通基建的未來計劃，對於長線物業投資者必不可少。然則單純縮短距離並不足夠，更需要有相關的載體，以承接相關的產業。就以南港島線（東段）為例，當中的海洋公園站、黃竹坑站就分別具有旅遊業和工貿業的載體而興起，相對利東站和海怡站仍以住宅為主，經濟地租的提升就有所不及。

跨境交通

另一種交通基建是跨境交通，高鐵和大橋能提升香港跨境交通樞
紐地位前文已有所述，機場對香港經濟地租的影響也值得一提，
特首林鄭月娥在施政報告內提出把大嶼山發展為「機場城市」，內
地有一個更合適的名詞，就是「臨空經濟」，即是以機場為核心，
沿交通網向外發散式擴張，由機場對周邊地區產生的直接或間接
的經濟影響，並聚集資金、技術和勞動力，從而產生了集聚效
應，和擴散效應的新經濟模式。

港珠澳大橋規劃圖

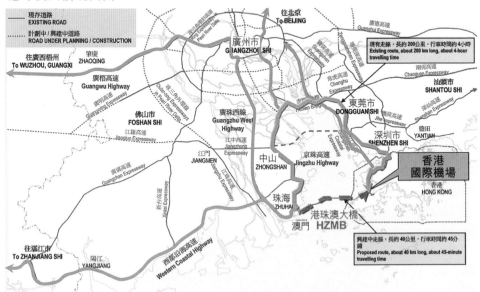

資料來源：港珠澳大橋網站，路政署

香港機場島上現時就有各種各樣的產業聚集，例如飛機工程及維修相關、航空餐飲、機場貨運、商務航空服務、國際會展等等。現時內地已經有12個國家級臨空經濟示範區，香港可以向中央爭取相關的優惠政策，以至於與大灣區內數個機場作出分工和協調。

現時機場快線為乘客在香港站和九龍站提供免費市區預辦登機服務，可於登機前一日至航班起飛前90分鐘之任何時間，前往櫃位預先辦領登機證以及付運行李，對於商務旅客是一種極為便利的服務，亦因此在香港站和九龍站上蓋均有豪華酒店和商場，未來將繼續受惠於臨空經濟的發展。然而筆者更為看好青衣站的前景，因為該站同時是東涌線和機場快線的車站，加上上蓋的大型商場，是距離機場最近的購物消費地點，而樓價卻未充份反映出來，值得投資者留意。

雖然港珠澳大橋採用單Y方案，深圳似乎未能受惠，其實不對，因為由大橋人工島到屯門有一條海底隧道，即屯門至赤鱲角連接路，還有已規劃的屯門西繞道，未來深圳與大橋的聯繫將會更為便捷，這些跨境交通對於珠江口兩岸一體化具有戰略性的意義。由於西部通道的落橋位置鄰近屯門，鄉事會路一帶和屯門站上蓋成為了不少來自深圳旅客的購物熱點，未來屯門與港珠澳大橋口岸人工島接通後，就連珠江口西部的旅客也可以直達於此。加上東涌缺乏大型購物點，反而屯門有七個以行人天橋相連接的商

港珠澳大橋的西部通道落橋位置，將鄰近屯門。

場，屯門購物將成為這些旅客的選項之一，再加上屯門站對岸包括九巴車廠在內的綜合發展計劃，屯門站一帶的樓價仍有機會更上一層樓。

還有被人忽略的蓮塘／香園圍口岸工程，項目將於2018年內完成，從下圖可見，其重要性在於經深圳東部過境通道，直接到達深汕高速和深惠高速。現時用量飽和的文錦渡以深圳市內運輸為主，加上接通高速的新口岸，進一步把香港的經濟腹地擴展到廣東省東部，長遠甚至輻射到福建省和江西省。然則這條通道繞過上水和粉嶺，以隧道直出大埔林村，對北區出現分流作用，由廣東東部而來的人流物流無需經過文錦渡，而因將會進一步削弱上水、粉嶺的經濟地租。

蓮塘／香園圍口岸規劃圖

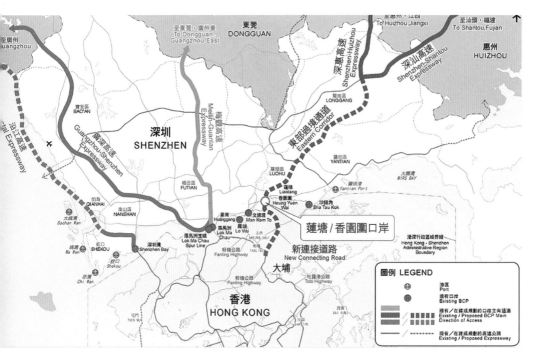

資料來源：蓮塘／香園圍口岸網站，規劃署

以上種種的跨境交通，除了能鞏固香港現有的區域及國際跨境樞
紐地位，更將香港的部分經濟活動由以往偏重維港兩岸分散到西
部和北部，其中西部以大嶼山為載體承接珠江西岸，北部則繼續
強化與深圳以至廣東省東部，其增長的人流物流，是未來香港的
增長極（Growth Pole）。

021 | 移山填海

移山填海是提高經濟地租的另一催化劑,滿足住屋需求只是其中一個目標,當城市增長時就需要額外土地以供建設,由於香港境內有很多海域,填海就成為了獲取新土地最直接的方法,香港現有6%土地來自填海,現時的九龍站、奧運站、南昌站,均是在上世紀90年代開展機場核心計劃時填海和發展的,到2000年前後基建落成啟用,車站上蓋物業陸續入伙之後,不單令到車站上蓋物業呎價屢創新高,更帶動舊區的重建及產業提升,例子如深水埗海壇街,幾乎整條街的舊樓都被拆卸,數年之後必將成為一個全新的南昌站社區,對地區樓價的提升可想而知。

但自2000年代起,香港已沒有大型填海項目。政府早年曾就本港水域共25個選址進行研究,當中有五個地點已被納入規劃或研究的小蠔灣、欣澳、馬料水及龍鼓灘,亦有中部水域填海、青衣西南、東大嶼都會等。政府於2018年提出的「明日大嶼」願景,就建議在大嶼山以東填海1,700公頃。

這些填海計劃除了擴展住宅供應、平抑樓價之外,更是各種產業所需,如欣澳填海用以發展旅遊業,龍鼓灘則作工業發展,為未來產業發展鋪路。

政府的填海計劃

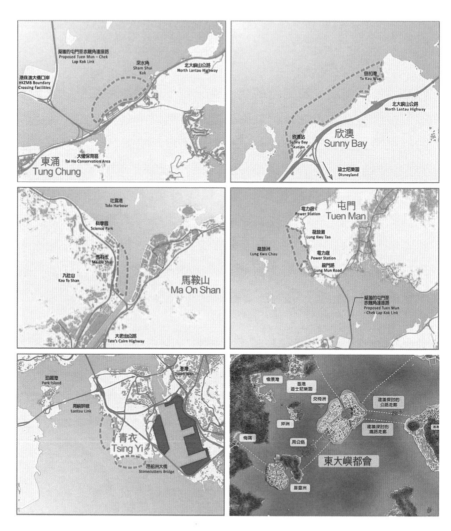

資料來源：發展局

然而香港過去的發展，移山也是一種製造土地的方式，除了港島的半山區是由移山而來之外，九龍也有多座小山被夷為平地，比如大角咀和油麻地官涌本來是山地，在上世紀20年代用人力把這兩座山劏平，泥土用來填出新填地街以東的平地。還有一種香港獨有的人工地貌叫「坪」，大窩坪、秀茂坪、坪石等等，都是將山頂劏平來建屋。近年發展的安達臣發展區，本來就是石礦場。

政府早前進行的研究，在全港找到48個適合發展的岩洞，可為合適的公共或基建設施提供所需空間，不過發展成本高昂，推展需時，而且提供的空間一般並不適合作住宅用途，未必適合作為高密度發展的土地供應來源，但可以支援遷置部分地面設施，間接增加地面發展空間。當中有4個地點正進行研究，詳見下圖。

展望未來，政府牽頭的「明日大嶼」，雖引起坊間部分人士的質疑，但筆者認為，「明日大嶼」如若落實，必定令香港整體的經濟地租上升，加上其交通基建將令到港島和大嶼山、屯門、西九龍接駁起來，人流車流可以從荃灣葵涌九龍一帶分流，對香港未來發展的助力無可限量。

但同一時間，此計劃也極可能會引致地區上經濟地租的發展不均衡。就以港島為例，西環與東大嶼距離只有四公里，未來透過海隧連接後，將由地盡頭變成橋頭堡；相反筲箕灣、柴灣、小西灣

等地，距離遠之餘，未來沒有新的交通基建可以通到東大嶼，難以享受到其益處。

4大適合發展的岩洞地點

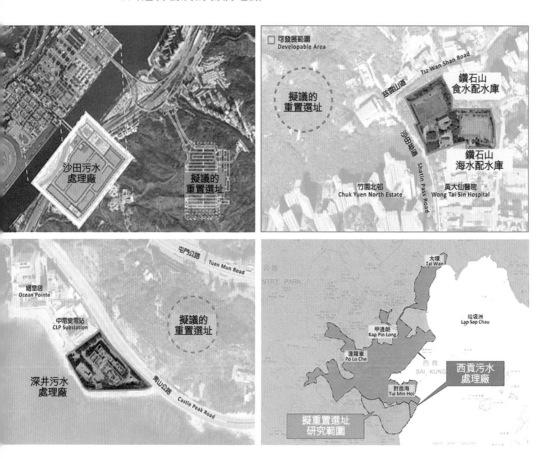

資料來源：土木工程拓展署

022 | 硬件更新

會計學上年年都要為資產作出減值，然而物業的價格卻沒有出現同樣的下降，甚至反而節節上升，一些人對此大惑不解，筆者指出一條樓價的方程式：

樓價　＝　建築硬件　＋　地價

樓價由兩大部分組成：「建築硬件」、「地價」。前者最容易理解，建築成本在一開始就決定了，往後的保養以及後期的改建修繕，只是反映在物業建成後的折舊。

比如沙田河畔花園，在2006年完成屋苑全面大維修，根據美聯物業的相關數據，河畔花園在大維修之後大幅跑贏大市，即表示物業的折舊因大維修而下降。

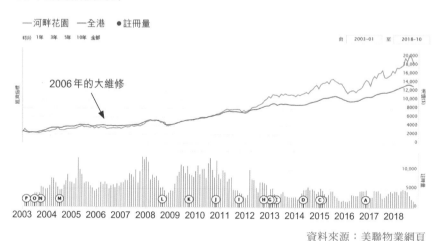

河畔花園樓價走勢

—河畔花園　—全港　●註冊量

2006 年的大維修

資料來源：美聯物業網頁

建築費從來都不是樓價的主要構成部分，理由是不同地區的建築成本相近，為何樓價的差距卻甚大？這種差距就是來自地價，樓宇升值的部分主要也是地價，甚至還要抵銷因建築硬件折舊導致的減值。樓價的升跌，可視為「建築硬件折舊」與「地價升跌」角力的結果。

然則建築硬件的價值，也可以投入資源以作提升，那麼除了地價上升之外，還可以獲得硬件提升的好處。就以美孚新邨為例，現時的大廈入口是雲石大堂，八達通門禁系統，甚至有些連電梯內籠也作出翻新，外觀上完全不像是數十年的樓齡，打破了高齡樓宇不易保值的宿命。

政府也有向舊樓提供政策鼓勵修繕樓宇，早在2009年政府就與香港房屋協會（房協）及市區重建局合作，以10億元推行一項為期兩年的「樓宇更新大行動」，提供津貼及一站式技術支援，協助舊樓的業主進行樓宇維修。到2017年的《施政報告》，動用30億元推行「樓宇更新大行動2.0」，資助較高風險的樓宇業主進行所需的檢驗及修葺。

一般的屋苑也會在落成後二十多年進行大維修，好令物業的硬件作出更新，無心插柳之下也令到物業更保值，每戶集資大維修之後，樓價也因而上升。過去就有沙田河畔花園，由於完成大維修，屋苑的硬件獲得更新，樓價就脫胎換骨，由區內的三四線屋苑進身為主要的屋苑之一。

美孚新邨的入口被翻新成雲石大堂，看下去完全不像50年的高齡樓。

023 | 校網

相信沒有香港人未聽過校網一事,「學校派位」已成為一代香港人的集體回憶,遊戲規則幾經改動,玩法亦不盡相同。目前中小學派位由以往的分區進行,改為不受地區限制的「自行分配學位」及受地區限制的「統一派位」。

物業市場仍然重視優良校網作為重要賣點,例如位於41區的住宅被市場看高一線,因為九龍塘有多間師資優良的傳統名校,是市區公認的名校網,範圍是九龍城區內界限街以北。而市場內公認有四大名校網區:

11區:中西區   12區:灣仔區
34區:何文田、馬頭圍、啟德   41區:九龍塘、九龍城

香港四大校網

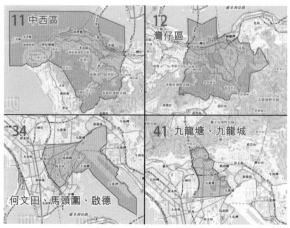

資料來源:地理資訊地圖

小學校網由居住地區決定，中學校網由小學校網決定，即是說現代孟母要搬家，也需要在入讀小學之前完成。中學校網與十八區重疊，小學校網有36個，所以一個中學校網可以有多於一個的小學校網。例如有人居於「31區尖沙咀」，孩子在「40區深水埗」就讀小學，他日中學派位將會是「KL2深水埗」而不是「KL1油尖旺」。

小學、中學校網圖

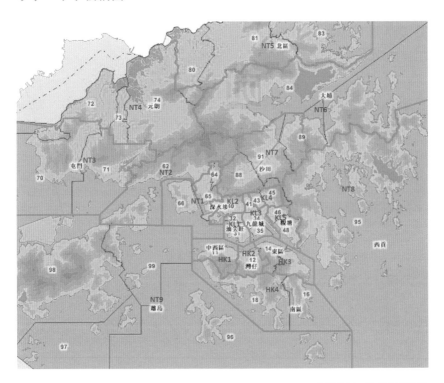

* ——小學校網　——中學校網　　　　　　　　資料來源：地理資訊地圖

024 | 國際學校

近年來除了派位的區份之外，還有一些家長會留意國際學校所在區域，其中港島東區和九龍的九龍城區有最多國際學校，發展商在銷售新盤時亦往往以鄰近國際學校為賣點，事實上不少內地買家亦會以鄰近國際學校，方便接送子女作為考慮的因素。另外一些國際名校也落戶在個別的地區，例如屯門的哈羅小學就不是位於傳統的名校網之內。

香港的國際學校體系發展蓬勃，目前有大概50所國際學校，開辦有英國、美國、澳洲、加拿大、日本、韓國、德國、法國、新加坡及國際文憑（IB、International Baccalaureate）的課程。此外，參與直接資助計劃及私立獨立學校計劃的學校在教學語言及課程設計享有自主，可與國際學校體系相配合。

在2017/18學年，香港有53所國際學校和7所提供非本地課程的私立獨立學校，詳見右面的圖表。

近年國際學校所提供的學額數目與學生人數年年增加，所以在選擇區域也可以考慮國際學校附近的地點。

中西區			
Carmel School	香港猶太教國際學校	半山波老道10號	中小學
German Swiss International School (English)	德瑞國際學校(英文部)	山頂僑福道11號	中小學
German Swiss International School (German)	德瑞國際學校(德文部)	山頂僑福道11號	中小學
Glenealy School	己連拿小學	半山香雪道7號	小學
Peak School	山頂小學	山頂賓吉道20號	小學
The Harbour School	港灣學校	堅尼地城卑路乍街23號堅城中心二樓	中小學
灣仔區			
Bradbury School	白普理小學	灣仔司徒拔道43C號	小學
Lyc'ee Francais International (English)	法國國際學校(英文部)	跑馬地藍塘道165號	中小學
Lyc'ee Francais International (French)	法國國際學校(法文部)	跑馬地藍塘道165號	中小學
東區			
Chinese International School	漢基國際學校	北角寶馬山校園徑1號	中小學
Delia School of Canada	地利亞(加拿大)學校	鰂魚涌太豐路7號	中小學
Kiangsu & Chekiang Primary School & Kiangsu-Chekiang College	蘇浙小學及蘇浙公學	北角寶馬山道20號	中小學
Korean International School (English)	韓國國際學校(英文部)	西灣河鯉景道55號	中小學
Korean International School (Korean)	韓國國際學校(韓國部)	西灣河鯉景道55號	中小學
Quarry Bay School	鰂魚涌小學	北角寶馬山道校園徑6號	小學
南區			
Canadian International School	加拿大國際學校	香港仔南朗山道36號	中小學
Hong Kong International School	香港國際學校	淺水灣坊23號	中小學
Kellett School	啟歷學校	薄扶林華樂徑2號	中小學
Kennedy School	堅尼地小學	薄扶林沙灣徑19號	小學
Singapore International School (Hong Kong)	新加坡國際學校	香港仔南朗山道23號	中小學
The International Montessori School — an IMEF School	蒙特梭利國際學校	鴨脷洲海怡半島第3期23A	小學
The South Island School	南島中學	壽臣山南風道50號	中學
West Island School	西島中學	薄扶林域多利道250號	中學
深水埗區			
Christian Alliance International School	宣道國際學校	荔枝角瓊林街33號	中小學
Concordia International School	協同國際學校	又一村海棠路68號	中學
Kowloon Junior School	九龍小學	又一村玫瑰街4號	小學
Saint Too Sear Rogers International School	聖道弘爵國際學校	又一村塘蔭街15號	中學
九龍城區			
American International School	美國國際學校	九龍塘窩打老道125號	中小學
Australian International School Hong Kong	香港澳洲國際學校	九龍塘羅福道3A號	中小學
Beacon Hill School	畢架山小學	九龍塘義德道23號	小學
Christian Alliance P.C. Lau Memorial International School	宣道會劉平齋紀念國際學校	九龍城富豪街2號	中小學
Jockey Club Sarah Roe School	賽馬會善樂學校	何文田天光道2B號	特殊學校
King George V School	英皇佐治五世學校	何文田天光道2號	中學
Kingston International School	京斯敦國際學校	九龍塘窩打老道113號	小學
Think International School	朗思國際學校	九龍塘界限街117號	小學
Yew Chung International School	耀中國際學校	九龍塘沙福道4號	小學
觀塘區			
Nord Anglia International School, Hong Kong		藍田安定街11號	中小學
離島區			
Discovery Bay International School	愉景灣國際學校	大嶼山愉景灣道	中小學
Lantau International School	大嶼山國際學校	大嶼山塘福DD328號	小學
屯門區			
Harrow International School (Hong Kong)	哈羅香港國際學校	屯門青盈路38號	中小學
元朗區			
Umah International Primary School	穆民國際小學	元朗橫洲鳳慈村	小學
北區			
International College Hong Kong (New Territories)		沙頭角公路石涌凹段60號	中學
大埔區			
American School Hong Kong		大埔馬聰路6號	中小學
Hong Kong Japanese School	香港日本人學校	大埔大埔道4663號	中小學
International College Hong Kong Hong Lok Yuen (Primary Section)	康樂園國際學校	大埔康樂園	小學
Japanese International School (English)	香港日本人學校(英文部)	大埔大埔道4663號	小學
Japanese International School (Japanese)	香港日本人學校(日文部)	大埔大埔道4663號	小學
Norwegian International School	挪威國際學校	大埔錦山路170號錦山村	小學
沙田區			
Island School	港島中學	沙田博康邨基督書院旁	中學
Shatin College	沙田學院	沙田火炭麗和里3號	中學
Shatin Junior School	沙田小學	沙田火炭麗和里3A號	小學
西貢區			
Clearwater Bay School	清水灣小學	西貢清水灣道DD229地段235號	小學
Hong Kong Academy	香港學堂國際學校	西貢惠民路33號	中小學

資料來源:教育局網頁

chapter 3
018～025

025 社區工程

社區工程也可能改變社區內的人流分布,中環半山行人電梯項目就是典型的例子,由皇后大道中開始到干德道結束,每日約有78,000人次使用,除了為西半山居民帶來出入的方便之外,更令到電梯兩旁的商舖大為受惠,租金和樓價水漲船高。具體比較區內的商舖檔次,沿著電梯兩旁也比附近其他街道為高。

另一個例子是荃灣的行人天橋系統,把荃灣站和荃灣西站連接起來,刺激了整個荃灣區的人流,以及令到轉車的市民多一個舒適的選擇。

政府在2008年起推出地區小型工程計劃,撥款區議會興建各式各樣的地區設施。直至2016年12月,全港有大約4,900項小型工程設施相繼落成,開支超過25億元。

現時還有兩個社區的行人天橋計劃正在進行,就是旺角連接旺角東站、旺角站和奧運站的旺角行人天橋系統,以及由元朗朗屏站到元朗明渠上興建行人天橋系統及增加興建行人專用區。雖然地區上有異議的聲音,但這些工程不單方便居民出行,更間接地提高了全區的商業價值,特別是對於地舖及商場的人流作出主導的作用。

對於地舖及商場的人流，社區工程作出主導的作用，就以元朗的天橋系統為例，建成後人流將由大棠路分散到墼壞路。

私人商場的大業主也不惜工本興建社區工程，例如葵芳新都會廣場和葵興九龍貿易中心（KCC），新鴻基地產地斥資數以千萬興建天橋連接港鐵站。而在沙田新中央廣場和沙田站之間的行人天橋計劃，即使地區上遇到阻力，也屢次申請，甚至寧願補貼居民也積極爭取上馬，可見社區工程的重要性。

要投資在商舖，了解區內的人流及行業分布十分重要，必須實地了解，即使在同一個區，差距一個街口就是兩個世界。就以旺角為例，砵蘭街以東的彌敦道、西洋菜街、通州街、花園街人流極多，但是砵蘭街以西的上海街、新填地街、廣東道則十分冷清，若不到實地觀察是難以了解的。

有關社區工程資訊可留意民政事務處地區小型工程計劃（網址：https://www.dmw.gov.hk/tc_chi/intro.html），以及各區議會相關的會議紀錄。

城市規劃
引發商機

chapter 4

城市規劃　引發商機

香港的城市發展很早就納入規劃，第一份城市規劃藍圖是 1843 年由當時的田土廳長（Land Officer）哥頓（A. T. Gordon）撰寫，其重要性在於劃分了中環及金鐘半山為政府山，亦規劃了灣仔摩利臣山至中環沿海一帶修建海堤。由昔日興建維多利亞城，直到現時以中環為中心的規劃思維，也是源自於此份藍圖。

隨著香港的城區不斷擴展，政府一方面要提供基建和交通設施，另一方面要出售土地以作支持，因此在不同的區域也進行了城市規劃，了解城市的發展方向，是物業投資者尋找具投資價值的土地和物業的不二法門。時至今日，香港的各種諮詢架構及程序，對於各區的未來發展公開透明地展示給公眾，只要加以研究，就可對未來樓價走向作出分析。

土地規劃上的政策，包括改變土地用途、活化工廈、提高發展密度等等，也會令到經濟地租作出改變，繼而令到不同地區的土地價值颷升。一些以往低增值的土地用途，若果改變成為高增值，結果當然是樓價急升。

在市區邊緣和郊區土地的開發上，政府的方針曾幾度變更。從戰後的自給自足衛星城市概念，到配合都會區的新市鎮發展，時至今日，政府改變以往由零開始規劃的模式，傾向在新市鎮基礎上加以擴展，希望強化現有新市鎮的新發展區，此舉令市鎮邊緣地價急升。

反而維港兩岸的都會區，由於過去的超負荷發展，政府因應民間的要求加以限制，如禁止在維港兩岸填海，以至限制部分區域建築物高度以保護山脊線等，均令到現有市區物業質素與居住環境有所提升。

即使應用到其他地方，城市規劃也是不可忽略的因素，比如內地城市高鐵的選址，往往就是未來最繁盛的地方，規劃圖就像股市的走勢一樣，實在不可不察。

026 | 城市規劃

要明白香港各區的經濟地租，就得先了解及掌握各區的規劃及發展，這些公開資料，可瀏覽城市規劃委員會的「法定圖則」網站（https://www1.ozp.tpb.gov.hk），從而得知。而新盤的售樓說明書中，也有規劃圖一項，說明樓盤附近的土地規劃。

試看以下是九龍何文田區的規劃圖，可看到同一個區有甲乙丙三類的住宅用地，住宅附近也有很多不同的用地分類：

何文田區規劃圖

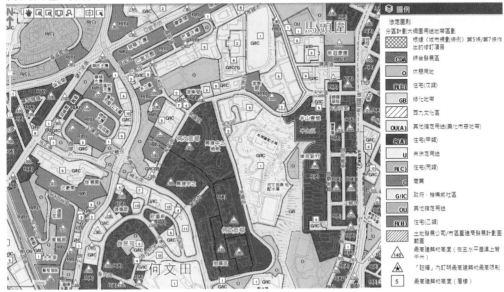

資料來源：城市規劃委員會網站

「核准圖則」會劃分不同用途的分區，決定了城市的規劃。

香港的城市規劃，主要受《城市規劃條例》規管。城市規劃委員會（城規會）會草擬及編製分區計劃大綱圖及發展審批地區圖，跟進審批土地用途，之後交予規劃署執行。

分區計劃大綱圖的草圖獲得行政長官和行政會議批准後，即成為「核准圖則」，涉及劃作不同用途的分區，例如住宅、商業、工業、休憩用地、政府、團體或社區用地、綠化地帶、保護發展區、鄉村式發展、露天倉庫或其他指定用途。而發展審批地區圖主要是為分區計劃大綱圖尚未覆蓋的區域而編製的，通常為市區以外地區。

投資物業，除了知道物業附近的土地用途外，該區的高度限制也要留意，比如附近未來會不會因為重建而影響到單位的景觀，否則就可能會出現以海景價錢購入樓景單位的損失。高度的限制有兩種表達方式，其一是以主水平基準上的高度計算，以三角形加數字來代表；另外是層樓數字，以正方形加數字來表達。主水平基準是香港土地測量的基礎參考高度，是收集多年來香港的潮汐數據，定出香港海邊的平均高度，用來統一全香港的高程計算。

除了會影響到個別單位的景觀外，高度限制更會涉及土地的重建價值，例如啟德機場搬遷前，九龍大部分地區和港島東區的物業因位於航空軌道，均有嚴格的高度限制，後來機場搬至赤鱲角，有關地段取消高度限制後，引發了很多重建/收購的項目，尤以九龍城一帶最為顯著，所以無論買樓收租或落釘博取收購，均需要研究城市規劃圖。

027 | 改變土地用途

土地用途並不是一成不變的，可以透過向城市規劃委員會進行規劃申請。若果在改變土地用途中涉及土地價值的增值，業權持有人須向政府補回增值的部分，即「補地價」。

為甚麼會出現補地價的情形呢？比如由住宅用途更改為商業用途，除了兩者的商業價值不同外，地積比例也有所不同，業主捨得貼錢補地價，自然是預期實際的升值比補地價金額為高，所以會出現業主就補地價金額提出上訴。例如現在烏溪沙迎海，業主新世界和恒基就曾多次要求減低補地價金額。

補地價永遠都是向上補，即是將土地改變為更高價值的土地用途。

所以亦有一些投資者，特別是大型發展商，會因應改變土地用途而收購附近的農地，例如沙田的帝堡城，前身是大藍寮村，現時在屋苑的旁邊就有一間丁屋，就是當年發展前的釘子戶，發展商屢次向業主出價收購都談不攏，最終惟有修改屋苑的設計來遷就，至於釘子戶就繼續存在。

帝堡城的旁邊，仍然是當年
大藍寮村的釘子戶丁屋。

也有一些改變用途申請因為被居民反對而告失敗，現時火炭站對
面有數座大型工廈，曾多次申請改變為住宅用途，每次都因為當
區居民反對而告吹，但附近有一幅貨倉用途土地就成功更改為綜
合發展區，可是在平整地盤之後多年，仍然未正式動工，皆因發
展商就補地價金額多次提出上訴，至今仍未達成協議。

物業投資者可以留意哪些地區會因為出現大規模改變土地用途而
受惠，特別是因為位於發展區邊陲，將會出現大型補地價的個
案，因為這是社區全面發展的先兆，何況補地價永遠都是向上

補，沒有人會申請將土地改變為更低值的土地用途。例如新地於2017年11月已與政府達成159億元補地價協議，將馬鞍山西沙公路附近的大型農地，改劃作發展住宅項目，此「十四鄉項目」地皮面積等同4個維園，發展商更要負責把該段雙線行車的西沙公路，擴建至四線行車。

只不過這種規劃的實行進度很慢，就以新界東北新發展區為例，由2008年立項起計，首兩幅私人土地補地價個案要去到2018年1月，才由恒基成功申請，分別是位於古洞北鄰近石仔嶺的軍營項目，以及粉嶺北馬屎埔地皮。由消息傳出到實際落實，往往要苦等多年，與其過早投入，倒不如留意即將動工的地區。

政府早在2009年就推出活化工廈措施，鼓勵舊式工廠大廈重建或整幢改裝，容許15年以上舊工業大廈業主在免補地價的情況下，將整幢工廈改裝活化，從工業用途改建為寫字樓、藝術工作室、服務式住宅等。

第一波的活化工廈在2016年屆滿，地政總署共接獲215宗申請，其中124宗獲批，除了一般的寫字樓和酒店外，亦有28宗申請涉及「康體文娛場所」用途，作文化及創意產業之用。

2018年施政報告，特首林鄭月娥宣布第二波的活化工廈計劃，最大的分別是容許活化後的工廈提供過渡性房屋，政府會彈性處理規劃及樓宇設計等規定，並免收作過渡性房屋用途的地契豁免書費用。

事後檢討，第一波的活化工廈在一些區域可算十分成功，就以港島黃竹坑為例，早在2001年城規會已將黃竹坑45幢工業大廈約8.3公頃的工業用地，由「工業」地帶改劃為「商貿」地帶，以鼓勵現有工業樓宇及用地，轉作或重建作商業及非污染性的工業用途，其後批出14項酒店發展項目，然而當時區內都沒有大規模的重建。

截至2011年中，這14幅土地中，有7幅的規劃許可已失效，1幅的酒店已落成，2幅獲政府同意修改土地契約條款作酒店用途，4幅則已修改地契作不包括酒店的非工業或非住宅用途。

推出活化工廈政策後，除了部分工廈透過計劃免補地價將整幢工廈改裝活化，變成寫字樓、工作室或服務式住宅，同時製造了集聚效應（Agglomerative Effect），令到其他計劃以外的工廈透過重建改變用途。這個效應是指因企業在地域上的集中而導致社會分工深化、企業聯繫加強和區域資源利用提高所產生的成本節約。特別是涉及創意文化產業的用途，在這些地域上正雨後春筍般出現。

葵興站大連排道一帶，有多個活化工廈項目，激活了附近其他工廈租金，圖為星星中心。

同時，改變土地用途引致工廈升值，並跑贏其他類型物業，皆因由以往的工業、物流、倉儲等低增值用途，變成寫字樓、創意文化、酒店等用途，除了新用途能帶來更高的租值，亦可令區內的人流消費力提高，典型的例子有葵興站大連排道一帶，大型的商業項目有九龍貿易中心（KCC）、由聯泰工業大廈改建而成的銀座式商場項目「Life@KCC」、由巴士廠重建而成的貿易之都、由恆通製衣大廈改建而成的KC100、大連排道甲級商廈K83、葵涌道與葵安道交界的商貿項目等，帶動了區內現有的工廈租金的上升。

其實這些因活化工廈而引發轉型的小型社區還有不少，投資在這些商業物業，往往會有意外的收穫。這些地方的共通點是距離港鐵站十分接近的傳統工業區，例如九龍大角咀的洋松街和必發道成為工貿集中地，以及荔枝角以D2為代表的零售飲食樓上舖，更有荃灣由大業主牽頭的南豐紗廠活化項目，均是受惠工業轉型產業提升的地方。

029 提高發展密度

2014年和2015年施政報告中，政府建議中密度地區增加密度兩成，由現時的最高5倍地積比增加至6倍，低密度地區由0.4倍地積比增加至0.8倍，以增加房屋供應。

其實當年董建華提出八萬五時，也試過用這個方法增加房屋供應，例如天華路以北的天水圍，以及位於寶寧路、寶順路和寶邑路之間的將軍澳，將其發展密度提高。

2013年施政報告亦曾提出，放寬半山區和薄扶林區的發展密度，雖然到現在都未有政策正式出台，卻刺激了這兩區的重建發展。不過提高發展密度也有限制，早在1970年代，港英政府為半山區和薄扶林區頒布「延期履行權」（Moratorium），內容是在交通基建設施得到充分改善之前，如果新的土地契約或修訂現有契約會導致該區的交通量增加，政府不得批出有關申請。例如薄扶林置富花園，前身是牛奶公司牧場，就因該限制未能充份利用地積比率，剩餘超過4倍，可以預見，若果正式政策出台可增多少供應量。

從投資的角度，更高的密度可以興建更多的單位，居住人口多

了，還可以提高商業價值和經濟地租。雖然不少住宅業主會認為，區內多了供應就會令樓價下跌（如多年前港鐵提出發展柴灣車廠上蓋，就被杏花邨居民反對而作罷），只不過樓價不是只由供求決定，若果重建帶來更多商業價值，特別是當新供應提供更多的服務，是足以抵消其負面影響。

例如火炭站工業區屢次研究將工業用途轉為商業，包括酒店、商場、寫字樓等用途，對於純住宅區的火炭站上蓋物業是利大於害，特別是九廣鐵路已放棄了貨運業務，位於火炭的車站貨場、毗鄰的沙田冷倉和百適倉，若被轉為商業用途，協同效應就會產生出來，在鐵路站旁有一群商業物業，往往對樓價是有利無害的。

若火炭站工業區轉為商業用途，對該站上蓋物業定必利大於弊。圖為火炭站上蓋物業御龍山。

另一個例子是啟德發展區，規劃署建議大幅增加該區地積比率和放寬建築物高度限制，就多幅土地作調整，範圍包括將近觀塘避風塘旁兩幅商業等用地改作住宅，另外跑道位置減少兩幅酒店地，再增加5幅住宅用地，地積比更由3.4倍至5.9倍大增至6.5倍，高限由45米至80米增至最高90米。受此影響，整體住宅單位數目由39,000個增至49,900個，而酒店房間數目將會減少約1,000間。另外近啟德明渠附近多幅政府機構及社區用地改作商業用途，高限將由45米增至80至100米，令整體的商業樓面面積將由1,950,000平方米增至2,280,000平方米。

所以投資者在衡量提高發展密度的影響時，與其擔心供應大增會否影響樓價，不如多加考慮新增的發展對於提升經濟地租有沒有正面作用。

為了增加啟德發展區的發展密度，規劃署建議增加該區地積比率和放寬建築物高度限制。

030 新發展區

上世紀政府以衛星城市和新市鎮的模式發展新界，稍為大面積的土地均已成為新市鎮，最近落成的是大嶼山北新市鎮，第一期的東涌發展後叫停了之後的期數，令到其餘部分擱置了近20年。現時的發展模式是新發展區，就是在現有新市鎮的基礎上作出擴展，例如新界東北新發展區，就是上水粉嶺新市鎮延伸，現時已公布的新發展區包括：

新界東北：粉嶺北、古洞北

洪水橋：天水圍新市鎮的延伸

元朗南：元朗新市鎮的延伸

東涌：東涌新市鎮擴展

錦田南：錦上路站項目延伸

元朗錦田南發展計劃

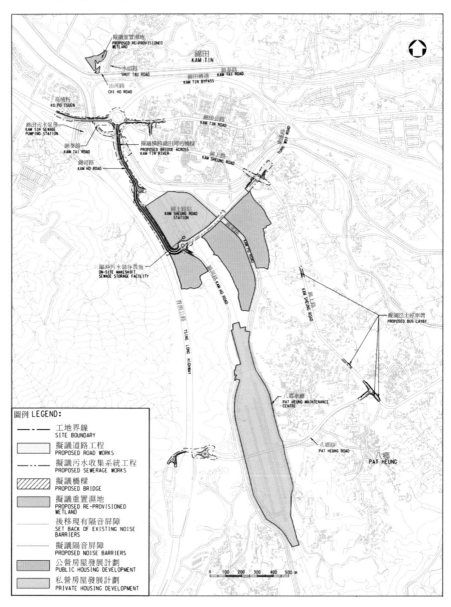

資料來源：城市規劃委員會網站

相比新市鎮要重新發展交通，新發展區早已有交通發展，亦由於鄰近現有的新市鎮，對於改善兩者的居住環境都有幫助，例如洪水橋除了現有的輕鐵系統外，西鐵已預留用地作洪水橋站和上蓋物業之用。

投資在新發展區附近的物業，未來可享受到額外基建帶來的好處，還有長遠發展所帶來的新人流和商業價值，甚至會有大型交通基建設施。如東涌的映灣園，現時離東涌站很遠，未來將設有東涌東站，就令到該屋苑與港鐵站的距離大大縮減，更重要的是由位處市鎮邊陲反而成為東涌的中心位置。

東涌東站位置

資料來源：土木工程拓展署網頁

洪水橋發展區將出現區域重心轉移。

　　但負面則可能被分去人流甚至出現區域重心轉移,如洪水橋在現時輕鐵站一帶,幾可肯定在西鐵洪水橋站開通以後就會邊緣化,投資在現時的洪水橋物業不得不考慮這一點。

031 | 保護海港條例

近年來填海成為香港的禁忌，始於1997年回歸前的《保護海港條例》，除非有凌駕性公眾需要才可以填海，政府亦須諮詢公眾。當時只包括由西隧到北角的維港中央地帶，然後在1999年以《保護海港（修訂）條例》將海港所涵蓋的範圍，由中央海港擴大至整個維多利亞港，意味著除了市區外，連葵青和荃灣大部分的水域都不可以填海。

政府曾經有意於觀塘海岸填海，但因為條例而被取消。

根據條例而被取消的填海計劃包括啟德跑道與觀塘海岸、油塘灣、荃灣西，而中環灣仔繞道工程填海規模大減，就連政府研究填海覓地，選址亦只在維港以外。換句話說，市區的土地面積已不會再增加。

維多利亞港範圍

註：藍色部分為《保護海港條例》涵蓋的範圍，　　　　　　　資料來源：規劃署
此部分不能進行填海計劃。

從投資的角度看，維港範圍內不填海，把市區的土地供應封頂，現有的海濱建築物的海景亦將不會被遮擋，這是市區樓價比新

界貴的原因之一。然而亦因此香港的城市新發展就要跳到維港以外，甚至連改善市區內的基建也要有所遷就，如中九龍幹線有一段要採用先填海後挖除的方法施工，亦是中環灣仔繞道工程屢屢延期的原因。

正由於市區已不能擴展，新家庭轉移到新界，以致市區的人口老化和社區衰落加劇，推高了樓價，亦令到市區重建成本大增，因而影響進度。市區重建局指重建油麻地及旺角舊樓，最多可能要蝕超過千億港元。所以投資市區樓，最好避開管理不善的舊樓，即所謂「三無大廈」：沒有業主立案法團、沒有任何居民組織及沒有管理公司，主要原因是沒有人就大廈公眾地方進行管理，往往也是沒有人理會維修事宜，特別是消防設備和升降機，自然令投資價值大打折扣。

032 高度限制

以往九龍區的建築物特別矮，到回歸後三、四十層高的樓宇如雨後春筍般湧現，原因是機場於 1998 年由九龍城啟德搬到大嶼山赤鱲角，政府放寬了九龍及港島市區絕大部分地區的高度限制。後果是很多未用盡地積比率的舊樓重建成摩天大廈，但卻破壞了維港兩岸的山脊線和山頂景觀。

所以規劃署於 2000 年就《香港城市設計指引》諮詢公眾，並於 2003 年把指引加入《香港規劃標準與準則》，包括建築物高度限制的規定，就保護山脊線建議從本港人流匯聚的 7 個觀景點，確保 20-30% 山景不受建築物遮擋。

更進一步是陸續為維港兩岸土地的發展加註高度限制，多幅分區大綱圖列有高度限制資料，發展商曾就此舉上訴影響土地發展價值，最終敗訴。現時大部分市區的分區大綱圖已經加入高度限制，就和保護海港條例那樣，進一步限制了市區物業的供應。

然則一些在限制之前興建的樓宇，就變成奇貨可居，因為景觀已經不會受阻，而要享有鳥瞰維港兩岸的景觀，已經是買少見少了，這無疑又進一步提高了市區開揚景觀單位的投資價值。例如尖沙咀的名鑄樓高69層，總高度達261米，根據尖沙咀的分區發展大綱，尖沙咀新批的高度限制大多數都是130米以下，尖東更限制至95米以下，所以名鑄高層單位的景觀已經沒有大變的可能。

尖沙咀地區規劃圖

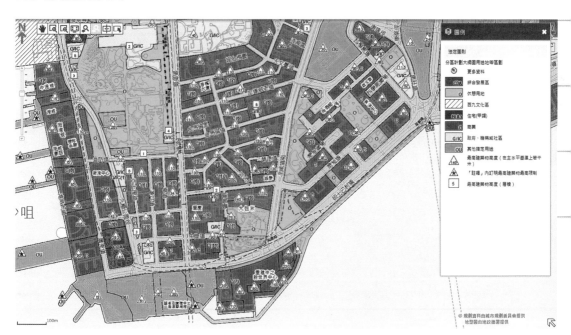

資料來源：城市規劃委員會及地政總署

計算物業
　　值博率

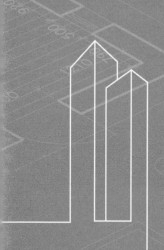

chapter 5

計算物業值博率

投資者決定是否購買某個物業，是有數得計的，就像股票要計市價盈利率（Price-to-earning Ratio, P/E）那樣，買樓也可以計算租價比率（Rent-to-Price Ratio）；股票可以計算資產淨值（Net Asset Value, NAV），物業也有資產淨值。

有正值當然就有負值，尤其在樓市低迷時，所欠按揭比樓宇市值大的情況更是不罕見，即俗稱「負資產」。投資者怎樣控制借貸比重來防止負資產的出現，在處於負資產時又要怎樣避免利益受損，都是重要的課題。

股票有息收，樓宇有租收，但出租物業的租金水平也要考慮市場水平，有時政府又會以政策加以限制，幸而近年政府已全面放寬租務管制，讓業主更容易向租客收樓，不論在租金水平上或是選擇租客上，投資者也多了自由度。然則也要留意租約條款，怎樣才可將利益最大化。

要衡量物業值博率，除了留意物業帶來的被動收入之外，還要考慮其升值潛力。除了等待物業升值外，部份投資者也會在重建或新發展區投資具收樓潛力的物業，亦即「落釘」，好讓發展商在收購時能善價而沽。要做到這一點，就要了解政府怎麼放寬強制拍賣的門檻，以及怎樣在發展商收夠籌之前，以高價出售物業。

033 | 租價比率

報章上經常有報道某物業的租金回報率，計算方法只是簡單地將月租乘以十二個月除以成交價，其實這應叫作「租價比率」（Rent-to-Value Ratio）。例如每月租金20,000元，一年租金收入240,000元，若果物業市值是1,000萬元，報導就會說租金回報率是2.4厘（2.4% p.a.），然而期間還有很多支出未計算，所以實際的租金回報率是低於此數，而且每個物業的相關支出並不相同，所以不宜用作比較不同物業的回報率，或者用以分析同一物業不同時間的回報率。

對投資者而言，購買物業的目的是賺價或增加現金流。

雖然「租價比率」，並非等同真正的「物業回報率」（Property Yield）（筆者會於下一個關鍵詞解釋「物業回報率」的計算方法），但筆者認為這個比率的重要性，在於反映了「租金」與「樓價」的相對水平，租金是物業的現金流，長遠來說樓價要服從於租金的水平。

對用家而言，購買物業是作居住用途，樓價高低只在購入及供款時有實質意義。但對於投資者來說，購買物業是希望賺價或是獲取現金流，甚至期望兩者兼得。當他們計算到有賺價的機會，或者現金流相對於樓價有足夠的吸引力，他們便會購入及持有；相反當樓價已實現了賺價的升幅，或現金流因樓價上升比率而變小了，他們便選擇出售物業。

租價比下降時，代表樓價跑贏了租金；相反租價比上升時，租金反而跑贏了樓價。這與債券市場內，孳息率與債券價格的反向運動有異典同工之妙：債券孳息率上升，而派息金額不變，自然是因為債券價格下跌，所以加息會不利債券市場。套用在物業投資市場，租金不變，而租價比下跌，就表示樓價上升了。然則樓價上升本身，也會導致租金上升，這就是樓市升市預期出現的原因。因此分析樓價長遠走勢，一定同時參考租金的趨勢，以及租價比水平。

租價比率是計算個別物業的值博率，並無適用於全港性的指標，但可以根據差餉物業估價署的各類單位平均租金除以平均售價得出，例如港島 A 類單位（即實用面積少於 430 平方呎）2018 年 10 月份的平均租金是每平方米 496 元，平均售價是 183,499 元：

$$租價比率 = \frac{(496 \times 12)}{183,499} = 3.2\%$$

用同樣方法計算 B 類（即實用面積由 430 至 700 平方呎）和 C 類（即實用面積由 700 至 1000 平方呎）單位，分別是 2.1% 和 2.43%，可以知道細單位的租金回報比中型單位更高，投資者可以分析投資哪種單位有更高的租金回報。

034 物業租金回報率

要解釋「物業租金回報率」與上一個關鍵詞「租金樓價比率」之別，可以引用會計學上利潤有毛利（Gross Profit）與純利（Net Profit）之概念，因為投資物業收租，涉及很多樓價以外的費用，例如管理費、維修費、保險、差餉地租、物業稅、利得稅等。如果樓宇是以按揭購入的，按揭的利息支出也會降低實際的「物業回報率」（Property Yield）。

出租物業，實際回報所得遠比租金為少，租金是物業的「毛利」，還要扣除上述費用才能得出「純利」。

當然，某一個物業的「純利」可以個別計算，但是很難為整個物業市場計算，比如管理費不同的物業可以差距很大，維修費與物業質素及樓齡有關，尤其是按揭成本的變數就更多：借貸成數、年期、利率等，均會令到不同個案有很大的出入。

差餉物業估價署數據中的「私人物業的市場回報率」，根據其技術附註，「物業市場回報率是把『租金／應課差餉租值』的平均比率與『售價／應課差餉租值』的平均比率作比較後計算出來的。租金

分析與售價分析所涵蓋的物業可能並不相同。因此，這方面的數字只能顯示普遍的物業回報率及市場趨勢。」

1992年至今，大部分時間住宅物業回報率是2.5-5.5%之間，同時大多數時間內，回報率與樓價及租金指數均是背馳。

那樓市何時屬偏低、何時屬偏高？筆者認為，分析住宅物業回報率時，可套用恒指的市盈率及周息率韻律（恒指在P/E10-22倍，周息率2-5%徘徊），用以估計股市及樓市偏低及偏高的指標：

市盈率、周息率及住宅物業回報率的分析

	股市/樓市 處偏低水平	股市/樓市 處偏高水平
恒指市盈率（倍）	10	22
恒指周息率（%）	5	2
住宅樓宇回報率（%）	5.5	3.5

資料來源：恒生指數網頁、差餉物業估價署網頁

035 | 資產淨值

在財務學上資產淨值很易理解，就是資產市值減去相關負債，得出的淨值就是資產淨值。可是在地產行業，資產淨值有兩層意思：就是樓宇的資產淨值，和個人的資產淨值。

樓宇的資產淨值，是用物業價值減去相關的按揭所得，在開立按揭時會用成交價或銀行估值作為物業價值，若果兩者數目不同往往就會使用較低者作準；而新盤市場由於仍然未有市價成交，所以銀行直接以購入價作為參考。然而新盤開價往往比鄰近二手樓的市價高出一截，在旺市時甚至出現新盤溢價達兩三成之高。買新樓如果是立即進行按揭供款，銀行的估價會根據新樓的開價；但如果入伙後才上會，銀行就有可能根據實際價值而重新估價，這個估價有可能沒有了新樓的溢價。因此如果入伙後上會，再使用高成數按揭，比較起來一開始就是負資產呢！（負資產此關鍵詞將於下文詳述。）

另一個意思是買樓人士個人的資產淨值水平，銀行在收到按揭申請時，一般會要求申請者提供入息證明文件，以審視申請者的還款能力。有些情況之下即使沒有足夠的入息證明，買家也可以透

過個人的資產淨值作為抵押申請按揭，銀行往往亦接受申請者以資產淨值作為證明其還款能力。在這種情況下個人的資產淨值就變得重要了。

可以當作抵押品的資產包括存款、股票、債券、基金及物業等，再因應各自的變現能力作出折扣後方作計算，銀行會審視所申報的資產計算折扣值，再減去新置物業的首期支出和負債金額，剩下的金額方視為資產的淨值，而決定是否批出貸款。根據現時金管局指引，以資產淨值申請的按揭貸款額最多為樓價的四成。如持有多於一個按揭，最多貸款額為樓價的三成。

另外一種按揭的方法是以一個供滿的物業作為抵押品，業內稱之為附加按揭（Collateral Mortgage），將會於下一冊進一步詳述。

對於物業投資者來說，維持資產淨值十分重要，過渡借貸會令到個人暴露於財務風險之中，特別是在現金和資產水平不足之下，購入大銀碼卻又會降價的資產（如汽車、遊艇、珠寶首飾、名牌衣履等）相當高風險。在銀行評估價資產時，這些奢侈品往往會被大幅度折扣，甚至不列入可抵押資產之列，這也是筆者極少購買這類資產的原因。

036 負資產

既然有樓宇的資產淨值，自然也有資產負值，金融管理局對負資產的定義為：「欠認可機構的貸款額，高於抵押物業當前市值的住宅按揭貸款。這個定義並未計及借款人向其他機構，如地產發展商、政府及放債人以二按或其他形式所獲取的貸款。」

根據香港金管局的資料顯示，香港負資產問題最嚴重的時期為2003年6月，當時共有約105,697宗負資產按揭，佔所有按揭的22%，涉及金額1,650億港元。

2003年，香港的負資產按揭超過10萬宗。沙士重災區淘大花園，當年樓價跌至平均呎價僅千餘元。

但是當時實際的情況，可能比數字顯示的嚴重。因為這定義只是計算銀行體系內的欠款，那些把物業拿到財務機構按上按的個案，並沒有在金管局的考慮之列，所以一個正資產的物業，如果購入時使用發展商或財務機構的按揭，並不在金管局的職權之內。因此，實際操作上只要按揭成數較高，而買入價又比市價偏高，再加上市況逆轉的話，實際的負資產數字是遠比金管局所公布為高。

出現負資產需要兩個因素，就是資產價格下跌以及按揭成數偏高，可是近年金管局不時收緊按揭成數，最近期的措施是2017年5月19日，把700萬以下的自用住宅按揭成數降低到60%，並且貸款額不得超過500萬元，換句話說已經沒有七成按揭這回事，出現負資產的機會進一步下降。

香港的資產變成壞賬並不普遍，皆因普遍香港人對物業有只升不跌的觀念，即使樓價一時三刻下跌，從長期的表現來看完全是有機會反敗為勝，所以外國那些把鎖匙寄給銀行然後放棄物業的個案，在香港幾乎未曾出現。

當投資者出現負資產風險時，筆者建議用平常心去面對，**繼續按時供款**，銀行在一般的情況下不會因為物業變成負資產時要求還款，即Call Loan，甚至供樓真的出現實際困難，也要盡量不要遲交按揭超過三個月。站在銀行的立場，要求Call Loan可能會出現撇賬，如果業主持有合作態度，只要按時供款銀行也不會視之為壞賬，捱過最困難的時刻，就可靜待樓價回升。

037 │ 租務管制

以往曾出現過多次租金飛升，政府往往會施行不同程度的租務管制，目的是穩定人心。然而租金上升只是回應物業供不應求的結果，而限制租金水平，只會令投資者失去誘因去提供更多供應，對租到樓住的租客可能是好事，對於未能租樓的人卻反而是壞事。

回歸後，租金管制和租住權保障分別於1998年及2004年被取消，除了業主可以按照市價調整租金之外，更可以在租約期滿而不獲

續約之下，要求租客離開收回物業。大部分的業主以「一年生約一年死約」來出租單位，基於近年租金的升幅甚高，業主往往不與租客商討租金升幅，而直接在死約期滿前夕要求租客交回物業。

租務管制除了限制業主提高租金的水平之外，另外一種措施是居住權保障，以往出租物業後業主想向租客下逐客令並不容易，要業主證明收回的物業是作為自用才能夠要求租客離開，結果就助長了租霸的行為，即是以各種手段不向業主交租而佔用單位，甚至用破壞單位來要脅業主。

理論上，在沒有租務管制的情況下，業主在加租時沒有限制，並且可以在生約期內通知租客後即可以收回單位，但業主加租往往只跟隨市況，亦未必會隨便要求租客交出單位，皆因實際的操作上租金回報率只有2-3%，每一次轉租客所涉及的費用，例如將單位翻新，支付佣金予經紀之類，均會降低租金回報率，更何況業主要在樓市上獲利，物業價值的上漲才是最重要，若租客的質素在可接受水平，實在沒有必要為了加多一點租金，而冒上碰上租霸的風險。

038 租約條款

買樓收租，業主就要與租客訂立租約，很多業主要不是到文具店買一份標準租約修改，就是在網上下載租約樣本然後改寫，住宅的租屋極少數由法律人士撰寫租約。然而業主在訂立租約時，有一些租約款比較容易出現問題。

單位面積：如果需要在租約內列明租賃的面積，住宅單位必須以「實用面積」計算，然而非住宅物業卻沒有這項規定，不少工商物業以建築面積計算，實際的面積只有六七成左右，為免爭拗，最好列明所報的面積是「建築面積」還是「實用面積」。

租期：如前文所述，「1314」（一年生約一年死約）已成為住宅租期的主流，然而最好寫清楚在第一年的死約期內，雙方要提早多久商議續租以及生約期內的租金水平，多數的情況下業主會在第11個月通知生約的安排，或者終止租約。

租金所包項目：雖然現時流行「包差包管」，即是差餉和管理費由業主負責支付，但也有業主為了降低物業稅，將租金和管理費分列開來，管理費的部分不計算入租金收入，問題是管理費並非永恆不變的，若果管理費有所增加，究竟是業主還是租客負責，最好在租約內寫清楚。

出租住宅通常配有傢俬及電器，租約應寫明維修費由哪一方負責。

傢俬電器維修：住宅一般都帶有固定的傢俬和電器，例如廚櫃、冷氣機、浴缸等等，租約宜寫清楚哪些部分的維修費由業主負責，哪些在按金內扣除，特別是來去水所涉及的維修費用極高，卻往往是由於租客錯誤使用而需要維修，業主要清楚列明責任誰屬。

分租權：在香港分租物業本身並不違法，如業主不容許租客將單位分租出去，一定要在租約上列明，否則租客即使分租的行為並未獲得業主同意，亦未必算是違法，業主未必可以用違反租約來終止租約收回單位。

租約期滿時物業狀況：租約期滿時物業以交吉狀況交出，然而所謂交吉也有不同的做法，非住宅物業交吉狀況往往要求租客還原單位，拆走入場後加裝的裝修和設施，住宅物業則只需要把單位打掃乾淨即可，租約內宜清楚表示。

039 | 強制拍賣

強制拍賣，又稱強制售賣，或簡稱「強拍」，全名是《土地（為重新發展而強制售賣）條例》，目的是改善高齡樓宇收購重建效率。香港在半個世紀前引入以鋼筋混凝土興建多層樓宇的技術，與傳統的石製建築不同，混凝土的主要成分水泥當年只有約50年保用期，另外由於香港天氣高溫潮濕，鋼筋生鏽膨漲，導致擠爆水泥也十分常見，形成市區很多超過50年樓齡的舊樓有重建需要。

另一方面，市區也有不少地段並未用盡發展潛力，例如地積比例未用盡、舊機場的管制區取消了高度限制，如今都展現出重建的價值，令到發展商積極部署收購舊樓重建，可是不少單位由於業權分散，或者業主的行蹤已不可考，甚至因為被人惡意落釘，令到重建的過程困難重重。

為此，政府在1998年提出《土地（為重新發展而強制售賣）條例》，即坊間所稱的「強拍條例」，目的是容許一地段的「不分割份數」中擁有大多數份數的人可向土地審裁處提出申請，要求強制售賣所有「不分割份數」的命令。

於 2010 年 1 月，政府為進一步便利業主重建樓宇以解決樓宇老化問題，以及落實 2009-10 年《施政報告》內活化香港工業大廈的措施，政府將《土地（為重新發展而強制售賣）（指明較低百分比）公告》刊憲，降低以下三個類別地段的強拍門檻，由不少於 90% 業權降至不少於 80% 業權。

1. 地段上每個單位各佔該地段不分割份數的 10% 以上；

2. 地段上所有樓宇的樓齡均達 50 年或以上；

3. 地段坐落於非工業地帶而地段上的所有工業大廈的樓齡均達 30 年或以上。

市區很多超過 50 年樓齡的舊樓有重建需要。

條例落實以後，發展商強拍個案大幅度增加，更多的舊樓被重建為新型住宅或商業物業，只不過一些「釘子戶」卻因為強拍而無法以高價出售物業。

而如果有意投資等待收購重建的物業，往往要考慮地盤的類別、住用上蓋面積百分率及地積比率，主要是由地盤的通達程度（即地盤向街的數目）以及建築物高度來決定：

不同高度住用建築物的准許最大上蓋面積百分率及最高地積比率

建築物高度（如《建築物（規劃）規例》所界定）（米）	最大住用上蓋面積百分率			最高住用地積比率		
	甲類地盤	乙類地盤	丙類地盤	甲類地盤	乙類地盤	丙類地盤
不超過 15 米	66.6	75	80	3.3	3.75	4.0
不超過 18 米	60	67	72	3.6	4.0	4.3
不超過 21 米	56	62	67	3.9	4.3	4.7
不超過 24 米	52	58	63	4.2	4.6	5.0
不超過 27 米	49	55	59	4.4	4.9	5.3
不超過 30 米	46	52	55	4.6	5.2	5.5
不超過 36 米	42	47.5	50	5.0	5.7	6.0
不超過 43 米	39	44	47	5.4	6.1	6.5
不超過 49 米	37	41	44	5.9	6.5	7.0
不超過 55 米	35	39	42	6.3	7.0	7.5
不超過 61 米	34	38	41	6.8	7.6	8.0
61 米以上	33.33	37.5	40	8.0	9.0	10.0

資料來源：《建築物（規劃）規例》附表 1

甲類地盤：Class A

地盤有一條不少於4.5m的行車通道

乙類地盤：Class B

地盤有二條不少於4.5m的行車通道

丙類地盤：Class C

地盤是島型地盤（island site），四邊為行車通道

發展商為了爭取更高的地積比率，會併購多個相連的地盤，使甲類地盤升級到乙類甚至丙類地盤，同一面積的地盤可以興建更多樓面，發展商當然可以接受以更高收購價來進行收購重建。

住宅物業
種類大不同

chapter 6

住宅物業　種類大不同

在金融投資的世界，產品的種類是很分明的，例如股票、債券、認股證、牛熊證、期指、期權、房託基金等等，而物業市場也有多種類型的物業，不同類型物業性質各異，其投資心法及策略有別。不要以為投資住宅最賺錢，且看差餉物業估價署公布的圖表：

各類物業的售價指數走勢圖（1997年-2018年）

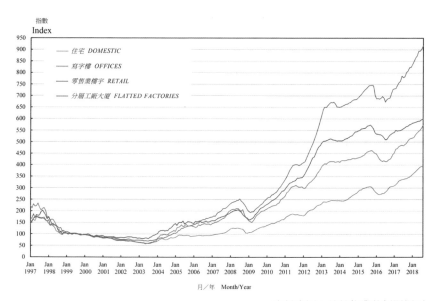

資料來源：差餉物業估價署網頁

有圖有真相，在最近一浪樓價升市中，原來分層工廠大廈、零售業樓宇（即商舖）及寫字樓，升幅表現比起住宅更強！因此，在選擇投資住宅前，要明白可能有其他潛在回報更高的物業種類。

雖然住宅是升幅最少的物業種類，但畢竟我們有住屋需要，對住宅投資實在有必要去認識。香港的樓宇是按佔用許可證（Occupation Permit，俗稱入伙紙）上註明的用途分類，住宅物業亦有明確的定義。因此，現時一些工貿項目被包裝成為住宅形式，這種非住宅物業有自身的用途，法例上亦不得作居住之用。

住宅亦有再細分不同類別，不同的類別、公營或私營，均意味著不同的特性及投資價值，甚至同是鄉郊屋宇的村屋、丁屋、牌照屋也大有分別。

近年，亦開始有投資者將住宅進行改裝，希望享有更高的租金回報，當中有不少值得留意的細節，讓筆者於這一章娓娓道來。

040 | 住宅用地的四類規劃

基於住宅物業是市民最常接觸，影響民生日用的關係，所以香港政府對於住宅的規管亦是各種物業中最為嚴謹的。根據差餉物業估價署的定義，住宅是指「各自設有專用的煮食設施和浴室（及／或廁所）的獨立居住單位」。由此可知一個住宅單位，必需要有廚廁，另外亦必須符合特定的要求，包括採光、通風，並附有來去水、供電，甚至供應燃氣（除了煤氣之外，也有一些屋苑會有中央石油氣）。

一個住宅單位，必須要有煮食設施。

另外，住宅單位有分建築面積和實用面積，非住宅樓宇則是以「內部樓面面積」計算。住宅實用面積的定義是：個別單位獨立使用的樓面面積，包括露台、陽台、工作平台及其他類似設施，但不包括公用地方，如樓梯、升降機槽、入牆暗渠、大堂及公用洗手間。窗台、平台、天台、梯屋、閣樓、花園、前庭、天井、冷氣機房、冷氣機平台、花槽及車位並不包括在內。至於實用面積，則量度至外牆的表面或共用牆的中線。所有的住宅面積報價，都必須有「實用呎價」。

除了單位內部的設計，就連規劃上住宅用途也有各種的規定，以下是住宅用地的四類規劃，正正顯示了發展的密度大致上決定了住宅的級數：

住宅(甲類)：R(A)

主要是用作高密度的住宅發展，而在住宅的最低三層或非住宅建築物部分，可以用作商業用途如辦公室、食肆、服務行業、娛樂場所以及學校。這些地帶內住宅發展通常都享有所在分區的最高地積比率，此類往往是居屋和大型屋苑。

住宅(乙類):R(B)

主要是用作中密度的住宅發展,商業用途則需要作出規劃申請,此類多是山上的豪宅。

住宅(丙類):R(C)

主要是用作低密度及低層的純住宅發展,商業用途則需要作出規劃申請,此類多是嘉多利山一類的獨立屋。

住宅(丁類):R(D)

經常准許的用途只有農業以及重建屋宇等,該地帶的目的為重建臨時建築物及保存現有的發展,改善生活環境。如欲興建新低密度住宅,需要事先作出規劃申請。

新盤的售樓說明書中,有規劃圖一項,說明樓盤附近的土地規劃,城市規劃委員會的「法定圖則」網站(網址:https://www1.ozp.tpb.gov.hk)也可以查閱各區的土地規劃情況,詳細圖例請參看第四章〈第26個關鍵詞:城市規劃〉。

私人住宅單位面積五大類

私樓是住宅物業投資的主流,但不同類別的私樓樓價走勢可以有很大的區別。差餉物業估價署為方便統計,將私樓以實用面積的大小,共分為五類:

A 類單位——實用面積少於 40 平方米 (約 430 平方呎)

B 類單位——實用面積為 40 至 69.9 平方米 (約 753 平方呎)

C 類單位——實用面積為 70 至 99.9 平方米 (約 1,076 平方呎)

D 類單位——實用面積為 100 至 159.9 平方米 (約 1,722 平方呎)

E 類單位——實用面積為 160 平方米或以上 (約 1,722 平方呎以上)

私樓以實用面積的大小,大致分為 5 類,A 類細單位近年升幅最顯著。

差餉物業估價署的租金及售價指數，除了全部住宅和各五類指數之外，還有A，B&C指數和D&E指數，前者是中小型單位，後者是大型單位，分界線定在100平方米，而A類單位則是一般所講的「細價盤」。

這些細分指數對分析不同面積單位樓價走勢甚有幫助。在2010年政府推出辣招之前，有兩個現象，其一是A類單位比B類單位樓價走勢更強，其二是B-E單位，面積越大表現越強。

可是政府透過金管局限制住宅按揭成數，超過1200萬的單位的按揭成數上限為六成，再加上按揭證券公司收緊條款，只有480萬以下單位的首次置業者可以申請九成按揭，兩股力量令到市場的購買力集中在細價盤上，令到細價盤近年升幅更為顯著，成為各類單位之冠。

直至2015年2月，金管局將樓價700萬以下的自用物業最高按揭成數由七成降至六成，換言之就連細價盤都只能做六成按揭，結果是細價盤降溫，以往單位面積越大走勢越強的情況再次出現，投資者的資金再次由細價盤分流到其他較大的單位。

042 | 公營出售房屋
(居屋 / 夾屋 / 房協資助房屋)

細價盤樓價飛升之後,居屋就變成了上車盤,特別是政府推出「白表免補地價居屋」(白居二)後,居屋就成為搶手貨。

理論上居屋由於出租和出售的限制,並沒有投資的價值,事實卻是,經補地價後在自由市場交易的居屋,同樣具有升值的潛力,例如位於奧運站附近的富榮花園,就曾創出超過1,000萬的成交紀錄。

現時有三種公營出售房屋,主要是透過暫緩收取地價作出折扣,包括由政府的房屋委員會負責的居者有其屋計劃(居屋),由香港房屋協會負責的夾心階層住屋計劃(夾屋),以及前身是「置安心資助房屋計劃」的資助出售房屋項目。

無論是哪種計劃,所有公營出售房屋都分作兩個市場,其一是第二市場,即是未補地價的居屋,購買者需符合綠表資格,或近年推出的「白居二」,才可以白表身份免補地價買居屋。其二是自由市場,即是原業主已經補地價,可以出租和出售的居屋,對於物業投資者來說,可參與的居屋只在此自由市場。

出售公屋的升值潛□

物業資產，不少租置屋邨均出現業□
往房委會全數擁有及管理，變為房□
過租置計劃購入單位的小業主、租□
持有，管理變得難以統一化。因此□
於計劃推出 8 年就被取消，現時，計□
會再增加到其他屋苑。

至於綠置居，暫時並未有二手市場□
屋整幢出售，以解決物業管理問題□
有單位，藉此透過「一換一」騰出原□
配的家庭。

由於未補地價，居屋在一手出售時，業權並不完整，房委會亦因此可以介入並不准出租。業主想取回完整業權，則要補市價的三成地價，而這個所謂市價，是由房委會決定的。舉個例子，一手市價 100 萬的居屋以 70 萬發售，到「市價」升到 200 萬時，業主要補的不是 30 萬，而是 60 萬，即使業主只能以 180 萬售賣，或只是想出租，也是這樣計算。

雖然仍然有些投資者參與公營出售房屋市場，但筆者認為居屋只有居住價值，沒有投資價值，除了硬件質素不及私樓市場外，而且售價長期折讓及流通量低，在升市時表現往往不及私樓，而在跌市時成交疏落更令業主難以脫手。

上車自住客在考慮購入居屋時，不要只考慮折扣優惠，未來的居屋將會與市價脫勾，以及提供更大折讓的五二折，代價是在出售限制增加，首兩年只能原價售予「白居二」買家，第 3-5 年可以未補地價售予白居二中籤者或綠表買家購買。單位購入滿 5 年，才可以補地價在自由市場出售，或不補價在居屋第二市場出售，而且可能進一步把禁售期由 5 年延長到 10 年。即使是自住，也要考慮個人的財務穩定性可否配合吧！

043 可出售公

鄉郊屋宇有不同種類，雖然外觀相似，但投資價值則很大差異。

居屋以外，還有一種可供買者置其屋」（租置屋），以及置居）。

租置屋在1997年推出，當扣，以及所選擇的39個公少當時參與計劃的公屋居以接近二百萬賣出，令到府重推。

然而對於物業投資者來說最大的問題是物業管理，會租戶，所以於屋邨管理爭。原因是租戶無須繳交管施（當中包括租置單位業主租置屋邨為提升物業質素等），若有破損及維修又不主按其持有的業權分數去

還有一種稱作「牌照屋」的鄉村屋宇，所指牌照包括地政土地牌照及修訂租賃許可證，牌照可能包括一些臨時構築物。官地上的牌照屋是「有牌無地」，嚴格來說業權不能轉讓，只能視之為「頂手」，即轉移使用權，但自1984年-1985年，政府作人口凍結後即不能轉名，政府收地亦不會作出賠償。私人土地上的牌照屋是「有地無牌」，轉讓的只是土地的業權，地上建築物的使用牌照亦不能轉名以及改變用途。既然業權不完整，政府亦不承認牌照的轉讓，買賣雙方只是你情我願，業權及使用權並無法律的保障。

045 | 農地/休閒農場

正如前文所述，村屋有沒有價值取決於有沒有牌照，相應地農地有沒有價值，亦是與土地用途有關。若果只能作農業用途，價值就遠遠不及可作屋地，即使在現場看到土地上有構築物，也不表示可以用作屋地，因為農業用途當中，有「農舍」一項，即使是屋，也只能作農業用途，如放置農具或養禽畜，不可以住人，投資價值就大減了。

另外一個影響是究竟該幅地有沒有車路，還是周邊都是別人的地，完全沒有通往外邊的道路，即行內所稱的「被圍斷」。高鐵興建時菜園村獲安置了一幅地建新村，可是對外的車路另有業主，結果要勞煩鄉紳調解。

除了建屋之外，另外一個可以從農地獲得收入的方法是從事農業，例如種植年花、養觀賞魚，或者像內地的「農家樂」那樣經營旅遊業。在香港是可以向城規會申請作為「休閒農莊」，然而究竟該幅地有沒有水源呢？沒有水源就無法從事農業。

當然也有一些人走法律漏洞，在農地上興建農舍或貨櫃屋，放租給用家，網上也有不少這類盤提供，雖然業主可以辯稱只是用作

住宅物業　種類大不同

Chapter 6　040～049

儲貨而不涉及提供住宅，租客怎樣使用不能控制，然而當局執法的時候只依照實況，最嚴重的後果是被政府沒收土地。

按照現行的土地行政政策，對於佔用政府土地的違例構築物，地政總署會根據《土地（雜項條文）條例》（香港法例第２８章）採取土地管制行動。對建於私人土地上違反土地契約的構築物，地政總署會採取執行契約條款行動。

地政總署由2014-2017年就私人農地上違契搭建構築物就約3,000多宗個案採取執管行動，其中18幅私人農地在接獲多次警告後仍沒有清拆違契構築物而被收回；905幅的業權人自行清拆所有違契構築物；另外27個地段由地政總署安排清拆所有違契構築物，費用由業權人支付。投資者在購買或租用農地構築物前，要提防違反地契的構築物，以免蒙受損失，甚至因為繼續佔用重收的土地而負上刑責。

當然，也有人買農地純粹是囤積等候升值，既然香港的規劃資料透明公開，要知道某個地方未來是否有發展毫無難度，問題是你能夠得到的資料，其他人都能夠得到，所以一些有潛力的農地早已升值。要投資農地獲利，要多做功課及留意行程，特別是一些鄉郊地方，沒有當地人的指點，要用合理價購入農地並不容易。

046 獨立屋

村屋、丁屋、牌照屋，均有一定的業權限制，香港也有一些完整產權的獨立屋，除了有獨立門牌的別墅，還有的是獨立屋格式的私人屋苑，最為人熟悉的是新田公路的「錦鏽、加州、四季、葡萄」，還有位於多種格式屋苑內的獨立屋，例如香港興業的愉景灣和藍天海岸，同時有分層單位和獨立屋。

香港的獨立屋價格差異很大，由數百萬到十幾億都有，除了所處的位置區份有所影響，最關鍵性在於建築的格式和產權，可以分為三大類：

全獨立屋（Detached）

四邊圍牆均為單位擁有，並沒有與隔鄰共用的牆壁，就是全獨立屋。以產權進一步細分，有「獨立地段獨立屋」和「共用地段獨立屋」，前者有自己的地段編號（Lot Number），後者是某個地段的其中一個號碼，從地址格式就可以分辨出來，當然是擁有單一地段編號的獨立屋貴得多。

半獨立屋（Semi-detached）

若果要與隔鄰共用牆壁就是半獨立屋，元朗錦鏽花園就是典型例子，兩間屋共用一幅分隔牆。當中也有左右相連和前後相連之分，私隱度就大有分別了。

排屋（Townhouse）

左右兩邊各有一面和鄰居公用的牆，比華利山別墅就是典型例子，左右邊都和鄰居緊貼，只有前門後園是獨立使用的，私隱度又要降一級。

值得一提的是加州系獨立屋室內是「半層式」，即是廳在地下，房間則每轉90度角就有半層那樣分布，筆者就覺得有點零散。但從投資角度看，最重要的仍然是所在的位置：同是港島，山頂會比南區好；在新界，西貢就遠比元朗有投資價值，皆因西貢有很多獨立屋都擁有海景，而且駕車到市區的距離遠比元朗為近。

想深一層，這是由「士紳化」程度決定的，即是不同收入和資產水平的人入駐，而導致樓價維持在不同的水平。住在山頂、南區、西貢、元朗的獨立屋居民，明顯是有檔次之分。

047 | 住宅分間單位（劏房 / 太空倉）

「劏房」一詞的正式名稱是「分間單位」，顧名思義就是將一個住宅單位再細分為更少的居所。由於劏房的每呎租金比一般住宅高，不少人見獵心起把單位分間出租，以便獲得更高的租金回報。其實「住宅分間單位」不是甚麼新興事，只是以前叫的板間房，但是現代的劏房有獨立的廁所，廚房則可有可無，所加的就是來去水管道。

至於「太空倉」，脫胎自以前的「籠屋」，就是設有超過一層的「碌架床」，每一個床位租給一個人，自然就要共用廁所了，用較佳的硬件，改一個靚名叫「太空倉」或「膠囊旅館」而矣。根據現時的香港法例，「太空倉」及「膠囊旅館」的設計大多難以符合現時的法例（包括消防處及屋宇署等其他部門），故一般來說，「太空倉」及「膠囊旅館」均不能申請旅館／床位寓所牌照。

然而，相對於其他種類的分間單位，住宅分間單位最大的分別，是沒有把樓契作進一步的細分，亦即是沒有「劏契」，法律上數個劏房構成的一個住宅單位，仍然是一個產權。至於何謂「劏契」，將會在解釋「分契單位」這個關鍵詞時作進一步的介紹。

2015年統計處發表《香港分間樓宇單位的住屋狀況》，指出全港共有86,400個劏房，當中位於九龍的佔58.2%，而港島和新界則分別為20.7%和21.2%，顯示位於市區而樓價相對較低的九龍，有最多人住在劏房，人們是為節省居住和交通開支而居住劏房，所以投資劏房單位往往也是位於九龍市區。

劏房工程涉及拆卸間隔牆、建造新的間隔牆、鋪設新增的電線、為新設的廁所改動或加設內部供水管及排水渠系統、加高地台以及新設或改道的供水管及排水渠管等。以前是要由認可人士（Authorized Person, AP）向屋宇署正式入則，還要符合屋宇署及消防署的相關條例。後來被納入小型工程制度監管，只要跟足程序也有很多劏房是完全符合法例的要求的。

相關工程涉及龐大的工程費用，而且往後的維修費用更高，加上租客的經濟能力較差，因此很容易出現租務糾紛，所以做劏房是一項長線投資，回本期較長。

048 | 旅館 / 床位寓所

共享經濟興起，其中有手機應用程式方便業主把單位短期出租，
例如Airbnb。然而這種商業模式受到兩個法例所規管，《旅館業條
例》（Hotel and Guesthouse Accommodation Ordinance）訂
明只要住宿連續28天以下，不管任何收費，均要申領旅館牌照；
而《床位寓所條例》（Bedspace Apartments Ordinance）規定，
若有12個或以上出租的單人床位，均要申領床位寓所牌照。

透過應用程式，業主可以把單位短期出租，但大多數業主不會申請相關牌照。

理論上如果租住1個月或以上，最多只有11個租客的話，便不需要申請旅館牌照及床位寓所牌照，然而應用程式正正是給短期留港人士使用，租期均甚為短暫，卻符合了旅館的定義。若果要申領牌照，就要符合樓宇結構、消防安全及衞生配置的標準，結果就是大多數人不會因此而申請牌照，嚴格來說是觸犯了相關的法例。

這種情況就和優步（Uber）的情況十分類似，由於平台並不是車輛亦不是處所，並且是外國註冊的公司，所以不受法例的直接監管，但是相關的共享資源處於實體世界，就應該符合相關的法例要求，問題是目前的法例不會為共享經濟度身訂造，主要的原因是與現時的業界有所衝突之餘，還會影響到政府執行法例。直接來說，若果不用領牌就可以做出租車和短租房，誰會去申請正式的牌照？相關的牌照費用是其次，最重要是當服務過程中出現意外，消費者並沒有合適的保障。

有人想到走法律上的灰色地帶，條例的豁免條款中，「符合以下情況的處所：在該處所內，所有住宿的提供基準均為就每次出租而言，最短租出期間為連續28天，而如該次出租因任何理由縮短至少於連續28天，將不會免收、退還或減收費用。」理論上只要出租者收取的是28天的費用，而租客提前退房而不獲退款，都可以豁免，但是定價就會出現問題。對於投資者來說，似乎未必是一個理想的商業模式。

049 | 服務式住宅

服務式住宅至少有兩層意思，其一是一種商業模式，在住宅內提供酒店式的服務；另一意思是一種商業土地用途，屬非住宅物業，但兩者界線就連專業人士或政府官員也未清楚。技術上界定一個物業是住宅物業或非住宅物業，主要視乎有關政府租契、政府租契協議、公契或佔用許可證的規定用途。所以服務式住宅是屬於「住宅」用途，同時提供一些住宅相關的服務。

這個分別的重要性在於，若果根據公契或佔用許可證物業不得用作住宅用途，即屬非住宅物業，特別印花稅和買家印花稅才可以豁免。稅務局界定一個物業是非住宅物業，要指明「不得用作住宅用途」，才可豁免「買家印花稅」及「額外印花稅」。

容易令人混淆的是部分服務式住宅，官契所顯示的用途是「非工業用途」，而差餉物業估價署則界定物業為私人住宅物業類別，在這種情況下並未能獲得豁免，因為住宅是非工業用途的其中一種。天璽、都會軒、半島豪庭、雍雅軒、藍澄灣、爵悅庭、樂悠居、立坊等八個服務式住宅項目，全被差餉物業估價署列作住宅類，因此是以住宅形式買賣，所以不在非住宅豁免之列。

規劃署已取消了服務式住宅這一類別,投資者購買時,宜徵詢相關法律意見。

那麼是否符合住宅定義,就可以豁免於《旅館業條例》呢?根據該法例「旅館」一詞是指「任何處所,其佔用人、東主或租客顯示在他可提供的住宿的範圍內,他會向到臨該處所的任何人提供住宿的地方,而該人看似是有能力並願意為所提供的服務及設施繳付合理款項,並且是在宜於予以接待的狀況的」。《旅館業條例》所關心的並不是物業的規劃用途,而是物業內所發生商業活動的形式,只要物業能夠為到訪的人提供住宿的地方,而他是有能力及願意付款,便符合了《旅館業條例》「旅館」的定義,而且該物業的地契、物業的設計或配套亦必須符合《建築物條例》及《消防條例》的要求等,就是要持有有效牌照。

正是由於服務式住宅這一類別或會涉及複雜的法律問題,規劃署已取消了服務式住宅這一類別,據說是由於這種用途存在灰色地帶,然而已經存在的八個項目的地契已無法修改,所以投資者在購買這類物業時,就要格外小心,宜徵詢相關的法律意見。

chapter 7 >>> 050 ~ 060

私樓盤路
分清虛實

chapter 7

私樓盤路　分清虛實

之前的章節，主要講述法例上界定的住宅種類，然而市場上有很多約定俗成的類別，這些關鍵字經常在報章傳媒上出現，卻不是人人都了解其內裡的巧妙之處，投資時實有必要深入了解。筆者讀大學時對於研究方法（Research Method）曾深入研讀，當中有一個概念叫「操作性定義」（Operation Definition），就是說在研究時界定名詞的定義，必須符合實際操作，否則只是閉門造車。

舉個例子，凶宅一詞在法例上並沒有明確定義，銀行界也是莫衷一是，最窄的定義是單位內有人非正常地死亡，包括自殺和謀殺，而病死或家居意外就不計。但是跳樓死者的屍體並不曾停留在單位內，一樣被定義為凶宅，甚至有人爭論，是不是死者墜下時經過的低層單位都算是凶宅？一些銀行會將凶宅的範圍擴展同層單位，例如康怡花園某座某層的單位全部都不獲按揭，更有部分銀行把株連範圍擴展到上下各三層。

股票有藍籌股，樓市自然也有藍籌屋苑，那又與熱門屋苑有所不同；同是單幢樓，當中也是大有分別；上車盤也是隨著市況向上

而不斷修改，究竟怎樣定義才有意義？樓花是香港人在數十年前發明的樓市金融創新品，經多年的發展以及政府規管，已經出現不少限制；至於一手盤，也因為空置稅而出現市場變化。

其他章節所述的名詞，也是常見而多有爭議，如豪宅一詞有沒有被濫用呢？鳳凰樓究竟是否值得高價購入？凶宅有沒有更好的識別方法呢？這些問題都與物業投資者息息相關。筆者會盡量以應用操作性定義來作出界定。

050 | 藍籌屋苑

股市中的藍籌股指的是績優股、市場認同度高的上市公司股票，港股中的恒生指數成分股等同於藍籌股。將這種說法引伸到樓市，就有藍籌屋苑這個詞語，意指規模最大、較優質的屋苑，通常樓市買賣或租金指數均以各藍籌屋苑升跌計算，並取其平均數而作指標。

兩大地產代理集團以及政府，均有選出本地的藍籌屋苑，三方的挑選準則各有不同：中原指數在地區上的分布並不均勻，例如

凱旋門是油尖旺區其中一個藍籌屋苑。

黃大仙區長時間連一個屋苑都不能入選，後來才加入星河明居和譽‧港灣；至於美聯的成分屋苑較平均，因為美聯指數的前身是18區平均樓價，所以各個區都有一定的成分屋苑，結果是一些較少大中型屋苑的區份，如灣仔區就有慧賢軒那樣的冷門物業。

既然兩種指數的取樣方式各有不同，那麼還有沒有更為客觀的定義呢？差餉物業估價署有「較受歡迎屋苑的售價指數」，每年會因應成交量作出調整，由於該指數著重成交量，一些規模不算小但成交少的屋苑會被剔出來，例如南豐新邨、香港仔中心、華景山莊、荃灣中心等等。

較受歡迎屋苑的售價指數

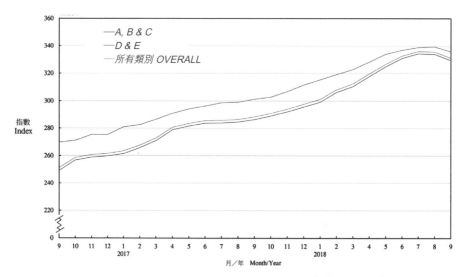

資料來源：差餉物業估價署網頁

由於這個指數較少人認識，筆者就把這些屋苑整理分類如下：

本港藍籌屋苑一覽

中西區	帝景園、帝后華庭、雍景臺、寶翠園、泓都、地利根德閣
灣仔區	會景閣、比華利山、光明臺、渣甸山名門、禮頓山、樂陶苑
東區	賽西湖大廈、嘉亨灣、杏花邨、港運城、藍灣半島、康怡花園、逸濤灣、太古城、逸樺園、
南區	碧瑤灣、置富花園、陽明山莊、浪琴園、貝沙灣及貝沙灣南灣、深灣軒、海怡半島、紅山半島
油尖旺區	君匯港、維港灣、港灣豪庭、柏景灣、擎天半島、凱旋門、帝峯·皇殿、漾日居
深水埗區	泓景臺、昇悅居、曼克頓山、美孚新邨
九龍城區	半山壹號、翔龍灣、海濱南岸、海逸豪園、畢架山一號、又一居、半島豪庭、黃埔新邨、黃埔花園
黃大仙區	星河明居、譽·港灣
觀塘區	淘大花園、麗港城、匯景花園、德福花園
葵青區	藍澄灣、灝景灣
荃灣區	碧堤半島、麗城花園、爵悅庭、愉景新城、珀麗灣、海濱花園、浪翠園
離島區	映灣園、藍天海岸、愉景灣、盈翠半島
屯門區	愛琴海岸、星堤、瓏門、香港黃金海岸、疊茵庭、豫豐花園、屯門市廣場
元朗區	栢慧豪園、嘉湖山莊、加州花園、加州豪園、采葉庭、新時代中城（Yoho Midtown）、新時代廣場（Yoho Town）
北區	牽晴間、粉嶺中心、花都廣場、御皇庭
大埔區	滌濤山、康樂園、太湖花園、帝琴灣、大埔中心、比華利山別墅
沙田區	帝堡城、沙田第一城、名城、銀湖·天峰、天宇海、駿景園、新港城、御龍山、雅典居
西貢區	日出康城——領都、日出康城——首都、匡湖居、新都城、都會駅、維景灣畔、將軍澳中心

股票市場內的藍籌股往往是穩建投資產品，在物業市場內，藍籌
屋苑意味著成交較為活躍，價格容易反映到大市的變化，不會出
現「市升樓不升」的問題。

051 單幢樓

一般人所理解的單幢樓，就是只有一座大樓的屋苑，印象中就是一些只有數十個甚至更少單位，其實有些單幢樓也可以有極大數量的單位，例如鰂魚涌海山樓有432個單位，相比之下，尖沙咀名鑄此摩天豪宅只有346個單位，後者單位數目雖少，但發展規模卻較大。

投資單幢樓，要留意管理費可能偏貴。比如一個有200戶單幢樓，假定每戶管理費是$1,500，管理費每月的收入只有30萬，已經要支付屋苑運作的所有費用，例如請兩更制的保安員，清潔工人、會所及管理處的職員，一個月單是人工支出最少十至二十萬，如果會所有泳池，又要多付一兩萬人工請救生員。

這就是一些細小單幢新盤管理費偏貴的原因，最典型的例子是深水埗站，同屬信和集團，海峰還可以有泳池，但御匯只有一個極細小的會所，因為前者有173戶，而後者只有96戶。

大家可以想一想：即使有200戶，每戶的管理開支已經那麼高，而現時推出的一些項目，只有數十個單位，即使繳交高昂的管理費，能享用的會所、公用設施相信亦很少。而租客交同樣的租

投資單幢樓，要留意管理費可能偏貴。

金，管理費由業主支付，但享用的設施卻又那麼少，長遠來說會
影響租務和升值潛力。特別是買樓收租要包差包管，管理費偏高
亦會大幅蠶食租金回報。

另一個問題是單幢樓由於單位數目少，成交往往極為疏落，有時
半年只有一兩單成交，從好處看當然是容易出現筍盤，但從壞處
看，急著要套現就非要有折讓才有人問津，不像那些藍籌屋苑，
一放盤就有人睇樓，成交價也不會偏離太多。

更極端的例子是一些只有數伙的單幢樓，例如一梯兩伙四層高只
有8個單位，業權份數是平分的話，只要有兩個單位不願接受收
購，就連強拍條例都無法啟動重建，最終只能等待市建局收回重
建，這些單幢樓的風險往往令人意想不到。

052 | 預售樓花

據說預售樓花（在樓宇未建好就出售）此舉，是由香港人發明的，至少有霍英東和吳多泰兩個說法。已知的事實是1953年油麻地眾坊街某樓盤是第一個動工興建前先交訂金、分期付款方式售屋。有如開花（付錢）結果（建成），所以稱作「賣樓花」，正式的名稱是「預售房」，是一種投資工具不動產期貨，指預售尚未完成的地產發展項目。

既然是預售，又怎樣令買家知道所買的樓宇是甚麼樣子呢？於是就出現了售樓說明書，俗稱「樓書」；又要展示建築物的模型，提供示範單位，稱作「賣樓廠」。

然而售樓說明書和示範單位，要遲至2013年通過《一手住宅物業銷售條例》和成立「一手住宅物業銷售監管局」才正式規管。發展商可以提早30個月售賣樓花，但要向地政總署提供證據，說明技術和財政上有能力完成工程，才獲准預售，並須遵守《一手住宅物業銷售條例》內的要求，目的是避免延長預售期，而增加物業爛尾風險。

澳門曾發生購買樓花之後，因為發展商在土地批出年期內未能完成工程，結果爛尾收場。香港在2002年至2003年也曾發生屯門有兩個項目因為發展商資不抵債險些出現爛尾樓，最終在各方周旋之下才能交收，所以不要以為買樓花一定沒有風險，只能夠說在政府的監管之下，出現的機率較低。

購買樓花時除了要細閱樓書和研究示範單位外，最好到實地了解附近環境及設施，更重要的是項目的「預計關鍵日期」，即是住宅項目遵照經批准的建築圖則的預計完成日期，或預計符合批地文件內列明的日期。不要把這個日期視為必然能夠收樓的日期，發展商可以用不可抗力條款，如罷工、封閉工地、暴動或內亂、天災、火警，甚至是惡劣天氣為由，並延期交樓。

此外，以往樓花可以在入伙之前買賣，俗稱「摸貨」，現在已經不可以進行這種炒賣。

053 | 上車盤

上車盤就是入門級的樓盤，以往的 A 類單位（實用面積少於430平方呎）已等同於上車盤，惟在樓價不斷飛升之下，發展商把單位愈建愈細，出現比車位更細的樓盤，被稱為「納米盤」。

私家車及的士泊車位的長度及闊度標準，根據規劃署的標準為5米及2.5米，即是12.5平方米，亦即是135呎。而屯門菁雋，最細單位只有128呎；在建的跑馬地奕蔭街商住項目，最細單位只有61呎。根據差餉物業估價署資料，2017年小於215呎的單位有691個，較2016年多2.35倍。

主打納米盤的環海・東岸，
被定位為年輕人的上車盤。

另外一種定義上車盤的方法是物業銀碼，是參考按揭證券公司批出二按的上限計算，即480萬或以下的單位就是上車盤。現時連最偏遠地區的樓價往往都超過每呎10,000元，即是會細過480呎。若果以每呎15,000元計算，上車盤的面積只有320呎。

按揭保險計劃的最高成數

物業價格	最高按揭成數
400 萬港元或以下	80% 或 90% *
400 萬港元以上至 450 萬港元以下	80% - 90% * (貸款上限為360 萬港元)
450 萬港元或以上至 600 萬港元	80% (貸款上限為480 萬港元)
*只適用於（ⅰ）所有抵押人於申請時並未持有任何香港住宅物業；（ⅱ）所有申請人須為固定受薪人士；及（ⅲ）最高供款比率為45%（請參閱有關合資格準則所列出最高供款比率的要求）	

資料來源：香港按揭證券有限公司網頁

若從投資角度，上車盤未來供應愈來愈多，特別是購買上車盤的人往往是支付能力較低，缺乏足夠的購買力支撐樓價，當那些單身人士因為結婚或同居不夠地方住時，往往就要出售或出租這類單位，升值潛力就大打折扣。

054 | 一手盤

與樓花不同，一手盤是現樓，就是已經獲得佔用許可（Occupation Permit），正式入伙的物業。可是不要以為一手盤一定是新盤，奧運站附近的浪澄灣在落成六年多以後，仍然有一手盤出售，青龍頭華懋的豪景花園部分期數的單位在完工後二十多年才出售一手盤。

一手盤只意味著從發展商手上購入單位，但沒有法例規定住宅完成後一定要拆售，在針對發展商的空置稅推出後，有發展商把整幢住宅變成出租物業，市場人士認為是規避新稅，但二十年前落成的舊山頂道帝景園、曉峰閣，以及大潭浪琴園，發展商由入伙已經持有整幢住宅樓，以作收租之用。

不論購入的一手盤是新是舊，買家要留意的是物業硬件的保用期，就以浪澄灣為例，發展商在交樓前再次把部分室內的陳設翻新，可是由於電器是由原廠保用，而由落成到交樓已經超過保用期，這方面就要由買家自行保用了。

關於一手盤，另一個較多人關心的問題是：究竟買一手盤好還是二手盤好？主要的分別是前者往往以溢價出售，隨時比後者貴幾

十萬，部分人會認為不值。但一手盤附有裝修及電器，部分發展商更提供長達兩至三年的保用期，這些配套是否價值幾十萬，就見仁見智了。

新盤溢價高的另一原因是發展商直接或間接提供各種付款優惠，包括條件較銀行寬鬆的「呼吸 Plan」二按、現金回贈、印花稅回贈，另外，物業代理提供的回贈，亦是付款優惠的一種。根據地產代理監管局的執業通告，地產代理在提供優惠時，必須將優惠詳情告知準買家，並說明該優惠是由賣方提供，抑或是由其所屬的地產代理公司提供。如果優惠是由地產代理公司提供，代理必須將其提供予準買家的任何優惠，以書面形式提供予準買家，並具體列明提供優惠的條款及形式。

想了解發展商未來會推出的一手盤，最準確是看上市公司年報，部分發展商會在年報內的物業表列中，列出公司的發展中項目。另外，地政總署也有發表預售樓花同意方案的紀錄，投資者不妨參考。

唐樓

唐樓跟洋樓最大的分別，是前者本身的間隔較少，容易把單位分間，並分租予多名租客。洋樓剛剛相反，廳房廚廁的間隔，建築時已經被設計好。俗語說：「住洋樓，養番狗」，意思是不用再住唐樓內的小型分間單位。

在房地產市場上，唐樓具特殊意義，原因是唐樓的結構其實有著方便分間的設計。因此，廚房和廁所的位置會比較集中，以供共用，餘下的面積一般比較多窗戶，目的是用作分間房間。在這個設計下，唐樓不難被分間成「騎樓房」、「中間房」和「尾房」，這就是人們認為唐樓間隔實用的原因。

1960年代的唐樓售樓說明書內，寫上了唐樓的特色：「樓高六層，一梯兩伙。門戶獨立，四面單邊」。唐樓單位所在的層數，對買家而言是十分重要，由於唐樓沒有電梯，層數愈高的單位，要上落的層數就愈多，居住上就愈不便，租值亦愈低。地產代理在描述唐樓單位時，也會刻意提到單位樓層，他們所說的「唐三樓」，就是指唐樓的第三層，可見唐樓的層數對單位價值相當重要。

投資唐樓，有兩種獲利方法，一是分間出租，二是「落釘」博取被收購重建的機會。

投資在唐樓，除了分間出租外，更多是博取被收購重建的機會，
然而由於年代久遠，所涉及的維修保養費用高昂，也會影響到投
資價值。

九龍城區馬頭圍道就曾經有唐樓裝修時意外打斷了支柱，導致整
幢樓倒塌。其實唐樓也有所謂新舊之分，戰前建成的舊樓，向街
一方有幾根柱，但多數在二戰時被戰火摧毀；戰後興建的唐樓，
結構是一條樓梯兩邊單位，由於牆身是黃坭批盪無法批灰，有個
俗名叫「黃坭樓」，因為不敢拆毀重新砌磚，年久失修之下，就只
剩下落釘的價值。

056 | 銀主盤／財主盤

銀主是相對於業主的概念，大多數人買樓都會把物業抵押給銀行，就連屋契都是由銀行保管。因此名義上雖然是業主的，實質上銀行佔有一定的權益，當業主無法繳付按揭一段時間，銀行就有權收回單位，這就是銀主盤一詞的由來。

1997年至2003年是負資產處處的時代，銀主盤在拍賣之後的款項不足以補回按揭，原業主仍然欠銀行貸款，即所謂「抬錢賣樓」。

在樓價下跌加上實體經濟欠佳之下，除了有銀主盤之外，更多地出現的是由財務機構持有的「財主盤」。「財主盤」的概念由筆者於2016年提出，所指的是除了銀行的一按以外，有些業主在沒有知會銀行的情況下，把單位再抵押給財務機構（俗稱「財仔」），由於財務機構不受金管局監管，部分業內人士無視金管局對於按揭的管制，把已抵押給銀行的物業中的升值部份加按，再借出高至九成的按揭，其息率當然遠比銀行高，加上多重按揭，出現市場所謂五按十按之說。

正由於按揭成數高，當樓價稍作下調及利息上升時，「財主盤」出現的數量可能比銀主盤還要多。但由於財務機構並不受金管局管

制，亦沒有相關的統計數據，未來幾年，大家不妨留意「財主盤」
會否成為物業拍賣的主流。

究竟這些銀主盤／財主盤是否值得購買呢？坊間一般認為，銀主
盤買家需承擔差餉、銀主接管物業後的管理費、地租欠款，以及
相關法律費用，加上買賣條款及手續比一般樓宇複雜，所以定必
比市價便宜才能賣出。可惜這是美麗的誤會，因為銀主盤不能隨
便賤賣。

不能隨便賤賣原因有二，其一是銀主行使權利把抵押品即銀主盤
出售時，必須對原業主負上信託責任，要盡力以市場上的最高價

銀行出售銀主盤時，要盡力以市場最高價出售，目的是避免
對原業主不公平，以及減少短炒獲利空間。

值賣出物業，避免對原業主不公平。故此當個別拍賣物業會因不到價而被收回，就是因為銀主認為拍賣價與估值仍有一段距離。

另一原因是隨便平賣等於製造空間給新買家獲利，雖然現時有SSD減少短炒獲利空間，但仍有短炒誘因，所以銀主多會在買賣合約上追加一項限制買家轉售物業的條款：買方在成交前不得將物業全部或部分轉售亦不得將本合約的權益轉讓他人。此條款保障銀主及原業主的權益，但當買家遇上特殊情況或周轉困難時，就失去了即時賣出物業套現的靈活性。

銀主盤的買賣合約也有數項額外條款，例如買家不可就物業業權、物業結構合法性提出反對或質詢等。條款一般傾向保護銀主及原業主，買家如沒有留意相關條款，或在購買物業之前沒有諮詢專業意見的話，就有可能因為業權不完整或有僭建物，致令銀行拒絕承造按揭。

既然銀主盤沒有多大誘因減價，內裡隱藏複雜的條款，而且物業又有潛在的負債，對大眾而言絕不是筍盤，要購入便宜貨倒不如物色業主急放的削價盤。

057 | 豪宅/假豪宅

每逢有新盤「自稱」豪宅，網上就有人義憤填膺，並質疑其「豪宅」的真確性，或質疑所在地是否豪宅地段。

筆者在前文曾經定義豪宅為「旺地貴樓，貴地所有樓」，那些不符合這定義卻又以高價出售的物業，自然就是「假豪宅」。「假豪宅」既不在傳統上公認的「高尚住宅區」，如中西區的山頂、半山，以及南區的深山與海灘，諸如壽臣山、淺水灣、赤柱、石澳之類；又不是位於「新發財」地帶，如灣仔區的東半山、跑馬地及東區的大坑、北角半山，以及九龍的京士柏、何文田、又一村、畢架山、九龍塘等；更不是交通方便和社區設施充足的地方。基本上，純粹以貴價硬件建造，就以豪宅自居的，就是假豪宅。

能夠被人稱為「假豪宅」，除了不是位於上述的地段之外，還要有一定水平的硬件。內地現時的新樓盤，仍然是以沒有裝修的「毛胚房」為主流。至於香港，1992年入伙的翠怡花園開創了提供基本裝修、大型家電（如冷氣機和洗衣機等）的先例。時至今日，一手樓盤附帶的裝修日漸豪華，已變成新盤必備。究竟不同水平的豪裝有何分別，可以比較恒基數個物業的不同設備：

部份新盤設備

用料及設備		區域		
		上水御景峰（2010）	大角咀亮賢居（2009）	上環聚賢居（2006）
大門	標準戶	膠板面實木	木紋膠板實心木	木皮飾面木紋膠板面實心木
	特色戶	人造皮／木皮飾面連實木	天然木皮面實心木	木皮飾面實心木
窗台	標準戶	天然石	天然石	麻石按手板
	特色戶			
地台	標準戶	高溫磚	天然雲石	微晶石
	特色戶	天然石		天然石
牆身	標準戶	瓷磚	瓷面磚	馬賽克／清鏡片
	特色戶	天然石		天然石／不鋼馬賽克石
浴缸	標準戶	Roca	Roca	Kohler
	特色戶		Roca／Kohler	Hoesch／Duravit／Agape
洗面盆	標準戶	Ceramica Esedra	Art Ceram	Villeroy & Boch
	特色戶	Vitruvit／Duravit		
水龍頭	標準戶	Steinberg	Jado	Gessi
	特色戶	Hansgrohe	Dornbracht	
坐廁	標準戶	Star	Duravit	Duravit
	特色戶	Duravit		Catalano／Duravit／Agape
熱水爐	標準戶	TGC Superslim／TGC	TGC	TGC
	特色戶			
雪櫃	標準戶	Philco	Siemens	Siemens
	特色戶	Siemens		Gaggenau
洗衣機	標準戶	Philco／Brandt	Siemens	Siemens
	特色戶	Siemens	Miele	Miele

資料來源：御景峰、亮賢居、聚賢居售樓說明書

除了單位內的陳設，豪宅新盤也會於公共地方比如會所、電梯大堂、樓層走廊等，以貴價硬件來營造豪華的感覺。這些新盤的問題是只有貴價的建築硬件，區域及位置上的價值卻不大，並不符合豪宅「旺地貴樓」的條件，亦令人有「扮豪宅」或「假豪宅」的觀感。如價格遠比同區同級住宅為高，投資者宜避之則吉。

058 | 發水樓

「發水樓」是指被發展商加入大量面積的窗台、環保露台、工作台的樓宇。由於這些部分的面積毋須計算入「地積比率」，發展商的大量添加，增加可售面積之餘，又可以確保樓宇合乎「地積比率」。八十年代起，發展商開始狂加「窗台」，自此絕大部分的私人住宅物業，均出現「發水」現象。

舉個例子，一幅面積 10 萬呎、5 倍地積比率的官地，理論上，發展商只可以在此地興建 50 萬呎的面積。實際上，計及窗台、冷氣

窗台不用計算入地積比率，因此發展商開始加入大量窗台，擴大面積之餘，又可以維持地積比率不超標。

私樓盤路　分清虛實

chapter 050 ~ 060

機平台、環保露台、工作台的面積，發展商可以把樓宇建成70萬呎，「發水」了20萬呎，原因是這些部分不用計入「地積比率」。在這70萬呎當中，可能有15萬呎是會所泳池走廊之類的「公共地方」。因此，住戶實際用到的面積只有55萬呎，發展商卻出售70萬呎，一計之下實用率只有78.57%。但發水率卻高達40%。

後來政府為「實用面積」作出定義，並且規定發展商賣樓一定要以實用面積報價，既然沒有了建築面積，自然就沒有了實用率的爭議。同時又推出一連串的措施和修改作業備考，將發水量局限到10%以下，例如停車場只有修建在地庫才獲得寬免地積比例，又對窗台的面積作出規定。部分發展商就因應修改後的作業備考，設計出以預製組件梗窗連窗台來代替牆壁的設計，位於荔枝角的一號‧西九龍，部分單位的客飯廳就採用了這種設計。

059 | 鳳凰樓

鳳凰樓指的是頂樓對下一層的單位，既可以享有高層的景觀，又可以免去頂層單位所面對的天台隔熱或漏水等問題，據稱是整幢大廈最具價值的層數。

鳳凰樓的出現，涉及多層大廈的建築設計。部分舊樓的最高層單位，不但沒有電梯到達，有些甚至出現「縮則」的現象，即頂層單位面積，比其餘層數細小得多。原因是升降機的機房、食水箱、沖廁水箱均設立在頂層單位。典型例子有紅磡黃埔花園，頂層單位不單比較細，隔鄰可能是機房，有時會有噪音滋擾。

然而把這些東西放在頂層單位之上，不單不用縮則，也沒有干擾，就連隔熱和漏水的問題都解決了嗎？問題是政府對樓宇高度有規限，尤其以前機場還在啟德的時候，整個九龍和部分港島東區，均在機場 5,000 米範圍內，除了不可以放風箏外，樓宇的高度也有限制。若在頂層之上再興建設施，不是超過高度限制，就是變相建少一層無法用盡地積比例。

直至 1998 年機場遷到大嶼山赤鱲角，市區的高度限制放寬了，之後建成的住宅，其升降機的機房、食水箱、沖廁水箱均設立在頂

紅磡黃埔花園的頂層單位，亦有「縮則」的情況。

層單位之上，頂層單位已不會受到機房滋擾和隔熱漏水等問題。市區大廈高度亦因此而建得更高，超過四十層高的住宅比比皆是，所以那裡的大廈，每座的頂層景觀都相差無幾。

所以，鳳凰樓的概念，多用於1998年前建成的樓宇。

不少物業代理以鳳凰樓作為賣點，甚至有一些業主更以之作為提高叫價的理由，物業投資者要考慮這種溢價是否與單位的質素相稱？特別是一些鳳凰樓與電梯機房只是一層樓板之隔，一樣有機會受到滋擾，不宜望文生義認為一定值得以溢價購入。

060 | 凶宅

人人都擔心買入凶宅，一來很難上會造按揭，二來物業價格會大幅降低，三來自住時會心裡不安。網上可以找到很多聲稱的「凶宅名單」、「凶宅資料庫」之類，要收錢才可以看到。筆者膽敢講，沒有人掌握到完整的凶宅資料，不值得付款去看。

原則上凶宅並沒有法律上的定義，只是一個約定俗成的概念，是不是單位曾經死人就一定是凶宅呢？那又未必，單位內有人急病去世，或者福壽全歸壽終正寢，一般不會當是凶宅；自殺、謀殺、劫殺等屬於凶宅；但是如有人從單位內的窗戶跳樓，跌落樓下的平台單位，究竟是起跳點是凶宅，還是死亡地點是凶宅，還是墜下時，經過的單位都算是凶宅呢？

讀者可能會問，死人這麼大件事，在物業紀錄上會否註明呢？有些案件如賣淫、藏毒，會以註契形式記錄在土地註冊紀錄，以收阻嚇作用，下面是一例：

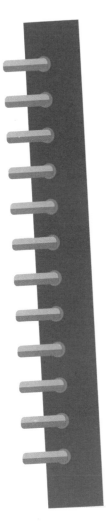

土地查冊紀錄例7——
受制於根據《刑事罪行條例》
（香港法例第200章）
發出的封閉令的住宅物業

e. 通知書「摘要編號—UB8193434」

裁判官根據《刑事罪行條例》（香港法例第200章）第145A（2）條向土地註冊處處長就該物業發出通知書。該條文規定，若任何人因物業用作非法或不道德用途而按上述條例的第139，143，144或145條被判定有罪或無罪，法庭須通知土地註冊處署長。

資料來源：地產代理監管局網頁

不過，自殺、謀殺之類事件並不會註契，凶殺案亦不會令到物業業權出現瑕疵，所以查無可查。如此說，那麼去查銀行的估價又行不行呢？

其實所謂凶宅，最重要的並不是在單位內發生過甚麼事，重點是事件有機會令單位難以脫手、銀行不肯承按或者要大減價才能找到買家。單位內是否真的死過人，反屬次要，就算在同一層單位，亦可能因而被株連。所以銀行的估價網，亦有出現某個樓層連環幾個單位無法估價，而且很難知道究竟哪個單位死過人，只能歎句，受到牽連而估不到價的業主，就真的無辜了。

大家可以到滙豐銀行估價網，試找康怡花園D座3樓，你會發覺1-8室都估到價，但是9-16室就「不適用」，當年烹夫案應該只是一個單位，但卻有半層樓的單位無法估價；再去恒生銀行，D座3樓全層根本無法登入；中銀網上估價只有12室估不到價，謎底終於揭開：每一間銀行都有自己一把尺。

chapter 8 >>> 061 ~ 068

非住宅物業
各有玩法

chapter 8

非住宅物業　各有玩法

由於政府不少辣招都是針對住宅物業，形成市場上的資金轉向投資非住宅物業，然而大多數人對於住宅以外的物業認識度較低，以致因為誤會甚至被誤導而造成投資失誤，最常見的例子是分契單位，包括劏場、劏廠、劏寫字樓，部分買家可能因為已手持一個住宅物業，或可能財力所限而不考慮住宅，從而轉向分契單位埋手。然而眾所周知，幾乎所有買家都在劏場項目上損手，甚至曾出現苦主抗議之事。

要避免物業上的投資失誤，深入了解各種物業實在有其必要，但對於大部分市民來說，連與生活息息相關的住宅物業，也未必有充足理解，投資非住宅物業時就更需要多作研究。比如車位，某些屋苑車位只能租給屋苑內的居民，不容許外客使用，造成投資價值下降；車位究竟是由車場統一管理，還是要業主自行管理，也是莫衷一是。

又比如地舖，種種的因素會令同街內不同地舖有著不同的投資價值，大單邊會好過街中間，地舖也可能因官契限制而不可從事部

分行業。一些物業表面上是住宅的格式，實際上卻不容許作居住用途，包括住宅服務式酒店和工貿大廈，而這種用途上的局限，亦會引致不同差價。

所以不宜一本通書睇到老，認識非住宅物業的操作才好去投資！

住宅服務式酒店

在網上搜尋「服務式住宅」，就連服務提供者都未能寫清楚，究竟他們是「住宅」還是「酒店」，部分更使用「公寓」一詞。雖然英文都是 Serviced Apartment，但是 Apartment 只是一種建築模式，本身並沒有法律上的定義。老一輩的香港人會記得以前有些招牌以公寓為名，其實就是現在的時鐘酒店，「純粹租房，不涉其他」一句也是當時的集體回憶，後來政府嚴格執行《旅館業條例》，已少見這個名詞。

住宅服務式酒店本質上是商業用途的物業，設計上與酒店也有所分別，因為一般酒店房間並沒有分作廚房、客廳、書房。由於《建築物條例》只規定住宅需要提供廚房和廁所，並且所有房間都必須有窗，但酒店則只會提供廁所而沒有廚房，以免觸犯《消防條例》有關明火煮食所涉及的規劃要求。以往有兩個住宅服務式酒店項目，因為存在灰色地帶有待澄清而叫停，就是葵涌雍澄軒和尖沙咀凱譽兩個案例。

葵涌雍澄軒酒店曾經計劃拆售酒店房間，最終因為土地用途、稅務、按揭和涉及公眾集體投資等問題而叫停，當時有人指出雍澄

軒由始至終都是「酒店」而不是「住宅」。亦因為不是「住宅」，雍澄軒當然不受雙辣招的影響，只不過發展商都明言：「若買家購入擬作自住用途，則需以租住該單位形式進行，而不能直接作自住用途。」換言之，雍澄軒買家只佔有某個房間的業權份數，而這個份數是可以轉售的。所以，購入雍澄軒，業主可以擁有業權，卻沒有權自用，而且要透過長實酒店租住單位，另外又要支付包括酒店營運費在內的管理費。

住宅服務式酒店的產權、業權不清晰，容易出現稅務和土地用途合法性的問題。

另一個案是尖沙咀服務式住宅凱譽，本擬拆售給公眾，卻因物業用途問題，引發銀行煞停按揭，買家未能上會，爭論點也是稅務問題，稅務局將物業界定為商業地契。政府推出的多種印花稅中，只有額外印花稅（SSD）和買家印花稅（BSD）可豁免非住宅物業，而雙倍印花稅對於非首次置業買家同樣適用，所以買家須繳付雙倍印花稅。由於凱譽雖為服務式住宅，地契卻屬商業物業，銀行難控制物業最終用途，為免麻煩一概不為該盤提供按揭。

內地有種物業投資項目叫「小產權房」，是指在內地農村或鄉村集體土地上發展的住宅，該類住房無國家發放的土地使用證和預售許可，只容許農村集體成員內部轉讓，不能把住房對外向第三者轉售。筆者認為，服務式住宅／酒店服務式住宅的產權如不清晰、業權不完整，又或者在定義上出現模糊的界定，會出現稅務和土地用途合法性的問題，投資宜避之則吉。

062 | 寫字樓

「寫字樓」一詞是香港的特色語言,筆者就曾被內地朋友問及為何香港會有物業專門用來「寫字」?其他地方叫做「辦公大樓」,但差餉物業估價署都是使用「寫字樓」一詞,指商用樓宇內的物業,但不包括綜合用途樓宇內的非住宅用途單位。政府更規定了寫字樓有三種級別:

甲級寫字樓

新型及裝修上乘;間隔具彈性;整層樓面面積廣闊;大堂與通道裝潢講究及寬敞;中央空氣調節系統完善;設有良好的載客及載貨升降機設備;專業管理;普遍有泊車設施。

乙級寫字樓

設計一般但裝修質素良好;間隔具彈性;整層樓面面積中等;大堂面積適中;設有中央或獨立空氣調節系統;升降機設備足夠;管理妥善;不一定有泊車設施。

投資寫字樓，物業級數始終不及地點重要，位於商業區的寫字樓最有價值。

丙級寫字樓

設計簡單及有基本裝修；間隔彈性較小；整層樓面面積狹小；大堂只有基本設施；一般並無中央空氣調節系統；升降機僅夠使用或不敷應用；管理服務屬最低至一般水平；並無泊車設施。

投資寫字樓，物業級數不及地點重要，至少要選擇鐵路沿線地區，最好位於港九市區內的商業區，次選是工業區。亦有一些投資者把一個大的寫字樓單位，分間為一個個小房間，俗稱「劏寫字樓」。部分投資者會打造成一個更高層次的商務中心，除了出租小房間外，更有一定的商業服務在內。

住宅有床位，原來連寫字樓都有劏到一張枱一個位，以前有種公司叫「皮包公司」，就是租寫字樓內的一張枱就算是一間公司。現時流行「工作共享空間」，或只有一個信箱地址都可以開公司了，但寫字樓的需求仍然甚大，是投資的理想產品。

063 商場

商場統計上正式的名稱是「私人商業樓宇」，指包括零售業樓宇及其他設計或改建作商業用途的樓宇，但不包括專作寫字樓用途的樓宇，亦不包括車位。

以前很少有買賣整個商場的成交，自從香港房屋委員會於2005年年底把旗下部分商業樓宇分拆出售予領展後，那些分拆出售的物業歸入私人物業類別，後來領展陸續將非核心的商場組合出售予個別投資者，才開始出現這種投資機會。另外就是發展商把整個商場出售予投資者，或者是一些大型的商業物業被投資者拆售，那就是「劏場」。

商場可以從檔次分為三種，主要是根據消費者的消費模式看市場定位。有些商品及服務是每週都光顧幾次，甚至日日都要，例如吃飯及超市；另一些則一個月幾次，例如買衫及鐘錶；更有些是一年只有數次，例如家電、傢俬之類耐用品。消費者光顧的頻率，已經可以影響到商場的定位。

本地場

住宅附屬的商場都是以食肆、超市為主力,其餘商店的檔次均很「街坊」,客源以附近的住戶為主,例如將軍澳的商場多屬此類,領匯屬下商場亦每多如此。

跨區場

顧客目標是以區外客為主,或者定某個主題,除了居住在附近的居民外,還會有跨區的人流,典型的例子是 APM 及 MegaBox。

遊客場

在傳統遊客區,以及跨境交通附近的商場,就有能力吸引到遊客,除了海外遊客及旅行團客,還有自由行旅客,所以就以名牌及奢侈品為主,置地廣場、海港城及新城市廣場。

根據這個三級制的框架,我們就可以看到各商場的盛衰榮枯。一些商場能一步步提升,新城市廣場就是最典型的例子,初開幕時本來是要求人去租的本地場,商舖是以做當地居民生意為主;隨著新界東區逐漸發展,淨計沙田已有 50 萬人口,新城市亦成功建立區內龍頭商場的地位,漸漸成為跨區場;而近年再轉型為主攻自由行消費,車站那一層已轉為以名店為主,成功轉型為遊客場。

而死場往往是不具備客觀條件卻要夾硬升級,明明人流是以當地

居民為主，卻夾硬要去做跨區場，紅磡海逸坊，入伙十年最高一層仍然空置，第二層及地下一層仍然未租滿，皆因區內黃埔花園商場已經以跨區場為定位，豪宅的居民寧願到該處消費，結果就只有繼續冷清下去。

界乎兩個極端之間，是一些努力升級的商場，例如奧海城做本地場是綽綽有餘，因為四周有好幾個大型屋苑，提供大量本地人流，再加上下一站是九龍站，令到該場可以接到部分的跨區人流及生意，可是要再進一步升級做跨區場卻很吃力。

投資商場最重要是合適的市場定位和整體的管理，這往往是劏場做不到的，也是以往絕大多數以失敗收場的根本原因。

比起同區的黃埔花園商場，海逸坊很難吸引到跨區顧客。

064 | 地舖

地舖是一種自然產生，然後再規劃出來的產物，在香港未有城市規劃之前，已經有大量商住混合的樓宇，在住宅的地面，設有樓高五米的地舖，地下的三米會作為零售店舖，上面的二米會作為閣樓，作為擺貨及住宅用途，亦有一些是把部分門前面積作為商店，近後巷部分作為居室，即是俗稱「前舖後居」，兩種格式被納入為商住混合用地。

傳聞香港的地舖炒家只有百餘人，市場屬高度壟斷。

然而這種格式在新批的地契較為少見，即使是商住混合，往往是地下撥出數層做商場和停車場，樓上是數幢住宅，被稱為「生日蛋糕」格式，所以絕大多數的地舖都是市區或新市鎮舊區的舊契樓，地舖的供應就買少見少了，所以有「一舖養三代」的說法。

地舖市場是一種高度壟斷的物業產品，據說香港的地舖炒家只有一百幾十人，一般人想投入地舖投資，往往會吃資訊不平衡的虧。另外，不少地舖的炒家同時也是用家，他們本身就是零售商，例如藥房、凍肉、物流等等，本身掌握到地舖的第一手資料。

市面上有聲稱地舖投資的基金，向公眾集資投資買入地舖收租，創辦人本身具有豐富的小生意買賣經驗，後來才投入地舖投資基金。一般公眾若想投資金融化的物業投資產品，亦可以購買收租股和房產信託基金（REITs），如領展或陽光房託，就比直接間接買賣地舖方便得多。

065 工業樓宇
(分層工廠大廈/特殊廠房/貨倉)

上世紀香港是一個工業城市，現時不少本地的發展商都曾經從事製造業，包括紡織、塑膠、服裝等行業，所以工業樓宇是他們的發跡之本，而工業樓宇在過去十年也有超乎其他物業的升幅。

在統計上，工業樓宇可分為三大類：

私人分層工廠大廈

包括為一般製造業工序及與該等工序有直接關係的用途（包括寫字樓）而建設的樓宇，那就是市區和新市鎮工業區內的工廈。

私人特殊廠房

包括所有其他廠房，主要是為特殊製造業而建的廠房，每間廠房通常由一名廠東使用，典型的例子是位於各個工業邨內的廠房。

私人貨倉

設計或改建作倉庫或冷藏庫的樓宇及其附屬寫字樓，並包括位於貨櫃碼頭區內的樓宇，例如危險倉、沙倉、凍鏈物流倉等。

工業樓宇之所以升幅巨大，主要有兩個原因，其一是配合香港經濟轉型，不少交通方便的大型廠房變成了一些高增值的行業，典型的就是在各區如雨後春筍的迷你倉，本身也是住宅面積愈來愈細的產物。既然能夠在同一單位面積賺取更多利潤，自然令到樓價水漲船高。

第二個原因是政府鼓勵工業區改變用途的政策，如活化工廈計劃，將一些舊式工廈改裝甚至重建為更高增值的物業，黃竹坑和葵興就會有較多這種例子。

即使已上升多年，投資工業樓宇仍然有利可圖，因為香港的經濟轉型步伐從未停止，特別是位於市區的工廠區還有許多租金回報較高，又可以搏收購的廠廈以供發掘，又不會像地舖那樣被少數人壟斷，甚至自用也是一個不錯的選擇。

非住宅物業　各有玩法

chapter 5　069~160

066 | 工貿大廈

和商住混合用途一樣，私人工貿大廈是一種後來追加的土地用途，包括設計或獲證明作工貿用途的物業。工貿用途除了工業生產以外，還有直接與工業經營有關的辦公室。例如貿易公司在經營上需要大量貯物空間，並經常要裝卸貨物，只要貿易公司有不少於30%的實用樓面面積用作貯物用途，便有可以設於「工業」地帶的工貿大廈內。

後來更乾脆設立「商貿地帶」用途，以切合轉變中的工業及商業活動之需求，基本上是就業地區，容許三種主要經濟活動，包括：無污染性工業、一般辦公室及商業用途，可設於同一大廈或分區內而無須作出規劃申請。

「商貿地帶」與「商業地帶」或「工業地帶」的分別在於，工業程序要是無污染性，商業活動則是次級辦公室或商業用途，並且不直接提供顧客服務。至於高級辦公室、零售和酒店等發展則會保留於「商業地帶」，而傳統工業活動亦會繼續保留於「工業地帶」內。由此可見工貿大廈兼具工業用途的低成本，以及商業用途的高增

荔枝角是其中一個由工業區轉為商貿地帶的例子。

值，並且當中的比例由市場決定，不像以前要規定30%面積作為貯物用途，換句話說就具有可塑性和靈活性。

所以投資在工貿物業，必須要對該單位的規劃限制有所了解，並且要考慮容許的產業是否具有高增值，在商言商，工貿物業作為文化藝術表演用途就未必是高增值了，自然會影響到物業的長期升值潛力。

另外一個要考慮的是位置是否接近交通設施或主要產業聚集地，一些偏遠地方的工貿物業可能並沒有多少增長空間。

067 | 分契單位
(劏場/劏廠/劏寫字樓)

劏房雖然在外觀上已被分隔，但單位業權仍然是統一的，再進一步把單位的業權作出分割成「細契」出售，業界稱之為「劏契」，正式的說法是「分契」，手續必需由律師處理及於土地註冊處登記，各單位擁有獨立的業權，可以有效文件為依據自由買賣或出租，部分更可以獲得銀行按揭。

「分契單位」在間隔上的改動必需獲得屋宇署批准和同意，內部設施要符合規定比例，以不影響樓宇的結構、不阻塞走火通道、不影響能排水及通風系統為原則。比如屋宇署於2016年限制面積861呎以下的改建工廈單位不可設獨立廁，亦不斷強調工廈單位不可以作為住宅用途。

然而部分分契單位以「工作室」為名，甚至強調為「24小時工作室」，並設有迷你廁，廁所牆身暗藏熱水爐，或在廁頂假天花暗藏熱水爐架，甚至提供了淋浴設備。投資者買入後，一定要避免觸犯用地條款，過去就曾有人因為在工廈作住宅用途而被檢控。

另外一種常見的分契單位是劏場，即是將大單位分為小單位，作為零售業之用，小業主購入的是具有獨立業權的商場舖，但過去

旺角先達廣場就是劏場極少數成功例子之一。

只有極少數的成功例子，如旺角先達廣場和深水埗黃金商場。由於要攤分包括大堂、走廊、走火通道等公用設施，所以劏場的實用率必然是極低的，四成以上實用率已經不多，以往就曾有聲稱百多呎的劏場盤實際上只有三十多呎，根本就難以獨立經營業務。

更大的問題是由於業權分散，難以統一管理，例如深水埗的深之都項目，在小業主聯合招商之前根本就是各有各做，到現今仍然未能全數租出，買入劏場除了自用之外，實在沒有多大的投資價值。

車位是一種冷門的投資物業，甚至有發展商分拆「單車位」，主要是由於限發水一成的措施，只有位於地庫的停車場可以獲得豁免，變相令到新建的車位大為減少，另外在雙倍印花稅等措施推出時，由於車位並不屬於住宅，可以規避部分稅項。

一些新型的屋苑由於車位比例偏低，令到業主要到鄰近的屋苑租車位，例如烏溪沙站的銀湖天峰住戶，需要向翠擁華庭租用車

烏溪沙站的新型屋苑，大多有車位比例偏低的情況，迎海就是一例。

位，而更大型的迎海也是車位比例偏低，加上區內的露天停車場收回作發展之用，種種因素均令到該區的車位市場轉熱。

令到事情火上加油的是一些大型的政府停車場被收回重建，包括金鐘和尖沙咀兩個公眾停車場，油麻地公眾停車場也將因為興建中九龍幹線而拆卸。另外，領展和房署也相繼大幅度加價。種種現象場顯示香港的車位市場正在步向供不應求。

然而投資車位要作多方面的調查，比如一些車位受限於地契賣地條款，或者大廈公契所限，若車位只限屋苑的業戶租用，投資的價值就大打折扣了。車位的位置也有所影響，接近電梯入口的車位會貴一點和更容易租出。另外，更重要的是區內的車位需求，一般純住宅的車位只有居民的需要，至於附近有商業區的車位就因為多了外客的需求，租金的升幅往往更高。

Wealth 95

作者	脫苦海
出版經理	呂雪玲
責任編輯	Carlos Yan
書籍設計	Stephen Chan
相片提供	Getty Images、脫苦海

出版	天窗出版社有限公司 Enrich Publishing Ltd.
發行	天窗出版社有限公司 Enrich Publishing Ltd.
	香港九龍觀塘鴻圖道78號17樓A室
電話	(852) 2793 5678
傳真	(852) 2793 5030
網址	www.enrichculture.com
電郵	info@enrichculture.com
出版日期	2019年1月初版
承印	嘉昱有限公司
	九龍新蒲崗大有街26-28號天虹大廈7字樓
紙品供應	興泰行洋紙有限公司
定價	港幣 $168　新台幣 $700
國際書號	978-988-8395-99-6
圖書分類	(1)工商管理　(2)投資理財

支持環保　此書紙張經無氯漂白及以北歐再生林木纖維製造，
並採用環保油墨。